AF209200

Klaus Braden

Aus dem Tagebuch eines Dorfpfarrers

oder

Ich rieche schon den Sonntagsbra(d)ten

Selbstverlag des Verfassers

Die Zeichnungen in diesem Buch sind von

Heike Dietrich aus Nattheim
Elisabeth Brenner aus Ludwigsburg, jetzt Bichl
Sieger Köder aus Ellwangen
Rudolf Thelen aus Nattheim
Simone aus Ludwwigsburg, jetzt Stuttgart
u.a.

Die Umschlagsgestaltung stammt
von Günter Gamroth aus Nürnberg,
der dazu Zeichnungen
von Heike Dietrich verwendet hat.

Zwar wurde der Text mehrfach gelesen und korrigiert, doch immer wieder auch verändert und neu geschrieben. Deshalb haftet für alle noch vorhandenen Fehler und für das Layout der Verfasser.

Der Verkaufserlös dient der Arbeit mit gehörgeschädigten Aids-Waisen in Harare/Zimbabwe. Die Missionsdominikanerinnen aus dem Kloster Strahlfeld unterhalten dort das Waisenhaus von Emmerald Hills.

Klaus Braden, Gartenstraße 31 - 89564 Nattheim
e-mail: BradenK@t-online.de
homepage: http://braden.geht-online.de

Gedruckt bei books on demand – Verlag Lingenbrink
ISBN 3-8311-1040-9

Das bin ich

Wie mich Simone, das Töchterchen meines
evangelischen Kollegen, im Jahr 1984 sah.

<u>Das bin ich auch</u>

So sah mich ein Wiesnmaler in München
im Jahr 1991 bei einem Gemeindeausflug.

Unerhört

Statt eines Vorwortes
oder: Warum ich dieses Tagebuch
geschrieben habe?

Wenn man richtige Freunde hat, so gehen die nicht immer zartbesaitet mit einem um. Da fragte mich doch einer: „Worin unterscheidest du dich von einem Missionar?" Ich fühlte mich geschmeichelt und suchte allerlei Gründe. Doch mein Freund lachte nur und sagte: "Ein Missionar macht die Wilden fromm......" Muss ich den Satz noch zu Ende zitieren? Solche Dinge muss ich mir anhören. Das hat man davon, wenn man "Hochwürden" abschafft und wenn Freunde keinen Respekt mehr vor dem geistlichen Stand haben. Aus diesem Grund habe ich das Tagebuch geschrieben. Die ganze Nachwelt soll erfahren, dass obiger Freund nicht recht hat.

Danken möchte ich vor allem Margret, die bei mir ist und die viel dazu beiträgt, dass ich den Rücken frei habe für wichtigere Dinge als das Telefonieren. Danken darf ich Susanne, die mich fachkundig beraten hat und Ursel, die die Korrektur nach der Neuen Deutschen Rechtschreibung gelesen hat.

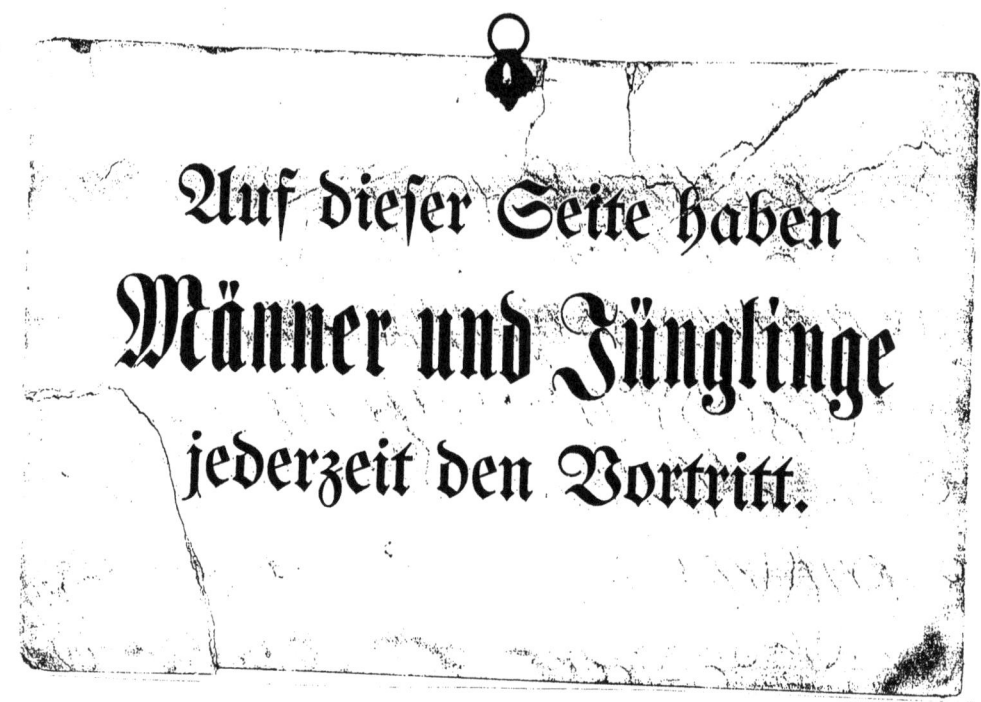

Das waren noch Zeiten!
Hinweistafel aus der Salvatorkirche in Aalen

Was mich betrifft

Seit über 30 Jahren bin ich nun Pfarrer, 30 Jahre lang schwäbisch-katholischer Pfarrer, a bissle dickköpfig, a bissle eigenwillig, aber auf jeden Fall katholisch. In Anlehnung an eine Grabinschrift in Auernheim darf ich mich „Rottenburgisch - schwäbischer Pfarrer der katholischen Kirche" nennen.

1940 bin ich geboren, als erstes von 4 Kindern einer Handwerkerfamilie. Das Auf und Ab mit den praktischen Sorgen hat mich geprägt, beim Aufbau des elterlichen Geschäftes und im "Fässle", unserer Gastwirtschaft. Ich bin in der Diaspora aufgewachsen, zuerst in Hegensberg bei Eßlingen, dann in Denkendorf auf den Fildern (im evangelischen Pfarrhaus!) und schließlich in Welzheim im Schwäbischen Wald. Auch das gehört ganz wesentlich zu meinem Leben. Sehr stark hat mich mein Heimatpfarrer Heribert Burkert beeinflusst, sowie das aufgeschlossene, liberale Klima unseres Landes, die Tübinger Theologie und das Selbstbewusstsein unserer Diözese. Mit heißen Ohren und mit glühendem Herzen verfolgte ich das 2. Vatikanische Konzil und ich wollte mitmachen beim Aufbruch unserer Kirche aus dem frommen Ghetto, hinein in das 21. Jahrhundert. Leider ist seither innerkirchlich manches anders geworden und trotzdem hoffe ich, dass die Reform der Kirche weitergeht. Überall da, wo Menschen versuchen, die Botschaft Jesu wichtiger zu nehmen als noch so schöne Traditionen, da will ich auch heute noch mitmachen und weitermachen. Nach dem Progymnasium in Welzheim bestand ich das Landesexamen, ging nach Ellwangen ins Borromäum, um von dort aus das Peutinger Gymnasium zu besuchen, wo ich 1961 das Abi machte. Dann studierte ich in Tübingen vom Wilhelmsstift aus die Theologie. Mein Freisemester verbrachte ich in München, die Priesterweihe war 1966 in Eßlingen. Dann wurde es Ernst.

Nach ersten zaghaften Schritten in der Seelsorge als Vikar in Schramberg (1966 - 1968), folgte die Sturm- und Drangzeit mit vielen Experimenten in Aalen - Salvator (1968 - 1978) - zuerst als Vikar, dann eingebunden in ein Seelsorgeteam mit Hilmar Kneer und Hans Nagel. Darauf folgte die Zeit der Konsolidierung und die oft herbe Arbeit in der säkularisierten Umwelt von Ludwigsburg - St. Johann (1978 - 1991). Schließlich zog es mich wieder auf die Ostalb und ich wurde 1991 Pfarrer in Nattheim und danach zusätzlich auch noch in Auernheim (seit 1994). Die Arbeit ist in der Zwischenzeit nicht weniger geworden, im Gegenteil. Dorfpfarrer zu sein, ist heute kein Schleckhafen mehr und die Zeit, als der Pfarrer von jeder Schlachtung die Metzelsuppe bekam, gibt es auch nicht mehr. Eigentlich schade - doch so bin ich für meinen Speck selber verantwortlich. Viel hat sich in diesen vergangenen Jahren ereignet, ein paar Dinge habe ich mir gemerkt. Von denen will ich erzählen.

Prädestiniert?

Es stimmt nicht, dass mein erstes Wort an der Mutterbrust „Jesus" war. Ich habe auch „Mama" gesagt, wie alle anderen Kinder auch.

Warum erzähle ich das? Ach so. Nach dem Krieg, als Schmalhans Küchenmeister war, sollten wir in der Schule in der ersten Klasse gewogen werden, um festzustellen, wer von uns der Schulspeisung würdig war. Alle stellten sich im Unterhöschen auf die Waage und Fräulein Häring (so hieß sie und so sah sie auch aus) notierte alles fein säuberlich in einem Heft. Dann kam ich. Ich wollte auch die Schulspeisung, doch in der Lederhose wollte ich nicht gewogen werden, denn die Lederhose war zu schwer. Eine Unterhose aber hatte ich an diesem Tag nicht an. Guter Rat war teuer. Also mussten sich alle umdrehen und dann konnte ich unter dem gestrengen Blick von Fräulein Häring auf die Waage steigen. Es reichte zur Schulspeisung. Doch ein Mädchen war von der Neugierde geplagt und "spickte" zu mir und meiner Männlichkeit. Dafür habe ich ihr dann eine ordentliche Tracht Prügel verabreicht. Denn das tut man einfach nicht. Die Keuschheit muss man ja schließlich verteidigen. Ob sich da schon mein künftiger Beruf abzeichnete? Es stimmt auch nicht, dass ich Mädchen immer abgelehnt habe. Eines Tages fiel aus meinem Schulranzen eine Beißzange aus der Werkstatt meines Vaters und die heikle Befragung durch Mutter brachte zutage, dass ich mit dieser Beißzange die Mädchen in der Schule in den Hintern gezwickt hatte. Ich gelobte Besserung und wurde Priester.

Der Spielverderber

Als ich noch zur Grundschule ging, wurde auch in unserer Familie mein Namenspatron, der heilige Nikolaus, als Erziehungshilfe eingesetzt. Mit nicht wenig Angst wartete ich mit meinen Geschwistern auf sein jährliches Kommen, vor allem, da er mich zwei Jahre hintereinander in den Sack stopfen und wegtragen wollte. Verzweifelt wehrte ich mich mit Heulen und Sträuben gegen dieses böse Spiel.

Selbst ich wurde klüger und so beschloss ich im zarten Alter von 10 Jahren, dem blöden Spiel ein Ende zu machen. Ich bewaffnete mich mit zwei Scheren und einem Messer und ließ mich an besagtem Erziehungstag ohne großes Sträuben in den Sack stecken, der dann nach getaner Arbeit meiner Erziehungsberechtigten vor der Tür niedergelegt wurde. Dort begann ich dann in ziemlich beengten Verhältnissen mein Werk und zerfetzte den Sack von innen her. Als meine Eltern mich später lachend „befreien" wollten, war es schon geschehen, denn der neue Kartoffelsack war zu nichts mehr zu gebrauchen. Jetzt erfolgte erst richtig das Donnerwetter und es wurde eine schlimme Adventszeit, da mir laufend der zerschnittene Sack präsentiert wurde, der angeblich verhinderte, dass zu Weihnachten noch Geld für Geschenke übrig sei. Ich war ein schlimmer Spielverderber, doch seit jener Zeit hat mich niemand mehr in einen Sack gesteckt - weder meine Eltern, noch meine Vorgesetzten. Übrigens wurde es trotz allem noch ein schönes Weihnachtsfest. Auch das Christkind hatte Erbarmen und meine Eltern hatten Einsehen mit dem Spielverderber. Vermutlich waren sie sogar stolz auf ihren Großen.

Bedenkliche Ökumene

Ich war nicht immer ein Freund der Ökumene, denn die hat auch negative Seiten.

In der 2. Klasse forderte uns Lehrer Glock auf, die Zeitung zu lesen, und er versprach für jeden Schreibfehler, den wir finden sollten, 10 Pfennig. Aufmerksam las ich jedes bedruckte Stück Papier, doch Fehler fanden sich nicht. Doch eines Tages fiel mir auf dem stillen Örtchen die Witzseite des Katholischen Sonntagsblattes in die Hand. Darin beschwerte sich ein Ganove bei seiner Freundin, dass sie ihm Veilchen (zum Riechen) statt Feilchen (zum Ausbrechen) geschickt habe.

Ich merkte gleich den feinen Unterschied von V und F und schnitt ganz vorsichtig das Wörtchen "Feilchen" aus, klebte den winzigen Fetzen ohne den Zusammenhang mit der Geschichte auf ein Stückchen Papier und präsentierte ihn Herrn Glock, um für die falsch geschriebenen Veilchen die 10 Pfennig zu ergattern. Der aber lachte laut und sagte: "Klaus, den Witz habe ich im Evangelischen Gemeindeblatt auch gelesen."

Ich war auf die Ökumene sauer, denn immerhin hätte es ein Fehler sein können, und ich hatte es bemerkt. So aber hatte mich die Ökumene um meine wohlverdienten 10 Pfennige gebracht.

Advent einmal anders,
dann nicht mehr

Es war Adventszeit in der 7. Klasse des Progymnasiums. Jeden Morgen durften wir in der ersten Stunde Adventslieder singen und die Kerzen am Adventskranz entzünden. Das war eine schöne Abwechslung, besonders da wir es verstanden, das Singen fast auf die ganze Stunde auszudehnen. Doch es war auch langweilig, immer bloß "Macht hoch die Tür." Ich beschloss ein wenig Leben in den Advent zu bringen.

Sorgsam höhlte ich eine dicke rote Adventskerze aus, ließ nur noch Docht und einen dünnen Wachsmantel stehen, füllte den Hohlraum mit selbstgemischtem Schwarzpulver und schmolz sorgfältig alles wieder zu. Zu guter Letzt klebte ich einen Reißnagel unter die Kerze und befestigte sie in einem unbeobachteten Augenblick auf einem Bücherbord im Klassenzimmer.

Die tägliche Adventsfeier nahte und alle Kerzen wurden entzündet. Ich bekam plötzlich einen Riesenbammel und wünschte mich ganz weit weg. Da begann auch schon das Feuerwerk. Eine Feuerfontäne schoss aus der Kerze heraus und Fräulein K. rannte todesmutig dem Feuer entgegen und schlug die Kerze zu Boden. Wie Rumpelstilzchen hüpfte sie dann zwischen den aufsprühenden Schwefelfunken herum und trat alles aus. Das "Macht hoch die Tür" ging in einem Riesengelächter unter.

„Wer war das?" Totenstille. Ich war zu feige, mich zu melden.

Dann kam die Rettung: Einer wusste, dass am Tag vorher eine andere Klasse im Zimmer war. Ja, die waren es ganz sicher.

Eine hochnotpeinliche Befragung folgte. Doch aus jener Klasse war es wirklich niemand. Wir aber waren aus dem Schneider. Keiner war es. Doch fortan durften am Beginn des Tages keine Adventsfeiern mehr abgehalten werden. Es tut mir im Nachhinein leid, dass ich der ganzen Schule für immer dieses Adventssingen geraubt hatte. Doch heute vermute ich, dass das Rektorat nur nach einer Möglichkeit suchte, diese zeit- und unterrichtsraubenden Stunden ohne Gesichtsverlust abzuschaffen.

Es hilft alles nichts:
Ich war der Übeltäter, heute bin ich Dorfpfarrer.
Das war meine Beichte. Verzeiht ihr mir?

Da stimmt doch etwas nicht!

In Kinderzeiten wohnten wir einige Jahre bei der Marie Öttle. Ihren Namen darf ich nennen, da niemand sie mehr kennt. "Pflästerers Witwe" pflegte sie sich zu nennen. Für alle, die nicht wissen, was dies ist: sie war Witwe eines Pflastersteinlegers, eben eines Pflästerers.

Fromm war sie, auf ihre Art, und lautstark hat sie gebetet. Ob man wollte oder nicht, es war im ganzen Treppenhaus zu hören. Eines Tages drang es laut durch die Tür:

„Liaber Good, verzeih mir, dass i denen net verzeihen kann!"

Ihre sprichwörtlich gewordene Sparsamkeit, von weniger rücksichtsvollen Zeitgenossen auch Geiz genannt, verhinderte nämlich, dass sie die frischen Eier, die sie von Nachbarn geschenkt bekam, auch verzehrte. Dass diese Eier dann nach Monaten faulten und stanken, das wollte sie "denen" nicht verzeihen und erbat dafür die Verzeihung Gottes.

Mich hat dieses Gebet stark beschäftigt und ich meinte, dass hier etwas nicht stimmen könne. Später habe ich es dann begriffen: „Vergib uns unsere Schuld, wie auch wir vergeben unseren Schuldigern."

Trotz allem hoffe ich, dass auch die Marie Öttle ihren Frieden mit Gott und den Menschen gemacht hat.

Die Angst des Ministranten auf dem Motorrad

Ministrieren in der Diasporagemeinde Welzheim war ein besonderes Erlebnis.

Um 8 Uhr in der evangelischen Gallus-Kirche, um 9:30 Uhr in einer Gastwirtschaft oder in der evangelischen Kirche in Kaisersbach und um 11 Uhr in der Volksschule in Welzheim mit den Ungarndeutschen. Kein Schwabe verirrte sich dahin, denn ungarndeutsche Gesänge waren nichts für unsere Ohren.

Die Fahrt nach Kaisersbach musste anfangs auf dem Rücksitz des pfarrherrlichen Leichtmotorrades zurückgelegt werden. Meine erste Fahrt auf diesem Rücksitz fand bei Sturm und Regen statt. Mein Regenumhang blies sich durch den Fahrtwind auf und das ganze Gefährt schaukelte und schlingerte und ich hatte panische Angst. Krampfhaft hielt ich mich fest und rief alle Heiligen um Fürsprache an. Sie erhörten mich und wir kamen glücklich an und wieder zurück.

Mathematik: Unbrauchbar

Da ich trotz vieler hübscher Mädchen – eine Hermine mit langen schwarzen Haaren hatte es mir besonders angetan – immer noch Priester werden wollte, reiste ich mit 16 Jahren nach Tübingen, um dort das Landesexamen abzulegen, denn ein bestandenes Landesexamen bedeutete, dass ich kostenlos in einem bischöflichen Konvikt wohnen konnte und so meinen Eltern nicht auf der Tasche liegen musste.

Die Prüfungsfächer waren Englisch, Deutsch und natürlich Religion, alles klappte, wie es sein sollte, bloß in Mathematik bekam ich die gewohnten Schwierigkeiten, denn dass a + b = c sein sollte, das ging nicht in meinen Kopf hinein, der sonst ganz brauchbar und im Kopfrechnen ziemlich schnell war, denn das Bedienen im „Fässle" hatte mich geschult.

Ich bestand das Examen und bekam meine Freistelle, aber das Zeugnis mit „Mathematik: unbrauchbar" ist nicht unbedingt eine Zierde in meinem Lebenslauf. Doch jetzt konnte ich nach Ellwangen ins Borromäum, um dort am Peutinger-Gymnasium das Abitur anzustreben.

Ich habe es geschafft, auch wenn Mathematik weiterhin eine meiner Schwachstellen war.

Das UJAG - Lied

Kennen Sie das UJAG - Lied aus dem Gesangbuch? Nein! Das ist auch nicht weiter verwunderlich. Denn im Gesangbuch firmiert es unter dem Titel „Wohlauf mit hellem Singen." Für uns Borromäer aus Ellwangen war es einfach das UJAG Lied, genannt nach dem regionalen Stromversorger an der Jagst. Lauthals brüllten wir den Refrain: „Bis hierher half Dein Segen, Herr führ es treu hinaus, gib Sonnenschein und Regen, gib Strom in jedes Haus." Gegen unseren "Strom" verkümmerte das „Brot" der anderen Gottesdienstbesucher zu einem kümmerlichen Etwas. Dazu fügten wir in den Refrain noch eine nicht vorgesehene Schleife ein, gegen die auch die Orgel in der Stiftskirche nicht aufkommen konnte. Die Sangeskraft der Borromäer war gefürchtet.

Vor kurzem sang ich dieses Lied in Auernheim bei einer Bittprozession und lautstark bat ich „gib Strom in jedes Haus." Verblüfft drehte sich ein Fahnenträger um und fragte: „Haben sie ein anderes Gesangbuch?"

Ich hatte gar kein Gesangbuch dabei, doch die alte Schülergewohnheit war nach 49 Jahren wieder durchgebrochen.

Zu viel Wasser schadet

Im Borromäum in Ellwangen führten fromme Nonnen ein strenges Regiment. Sparen war bei jeder Gelegenheit angesagt, ob es sich um Kartoffelsalat (Schlonz) handelte, um eine unsagbare, selbstgemischte Leberwurst oder ums Warmwasser. Jeden Morgen und Abend härteten wir uns mit eiskaltem Wasser ab und der Wunsch, wenigstens einmal im Monat warm duschen zu dürfen, wurde mit dem Satz abgetan: „Wir duschen doch auch bloß zweimal im Jahr!" Gegen dieses Argument war man dann macht -, aber nicht geruchlos.

Strom gegen den Strom

Es war nach dem mündlichen Abitur. Ich wallfahrte von Ellwangen nach Rosenberg. Beten kann ja für das "Mündliche" nie schaden. Mit mir waren noch zwei aus der Klasse unterwegs. Einer davon, nennen wir ihn Peter, wollte auch ins Wilhelmsstift, um Theologie zu studieren. Es war eine fröhliche Wallfahrt und echt katholisch. Am Ziel angekommen, setzen wir uns als erstes in die Wirtschaft, denn eine Wallfahrt macht durstig. Aus dem Beten wurde nicht mehr viel, denn wir entdeckten, dass die Orgel in der Kirche noch mit einem Balken getreten werden musste. Dazu wurde ich verurteilt. Bei den tiefen Tönen kam ich gehörig ins Schwitzen, denn diese Töne verbrauchten eine Unmenge an Luft. Also mussten wir anschließend nochmals in die Wirtschaft und unsere Wallfahrt samt Orgelspiel begießen. Der Heimweg dauerte ziemlich lange und unterwegs forderte die Natur ihren Tribut. Wir haben um die Wette gepinkelt, auch künftigen Priestern war dieser Drang nicht abhanden gekommen. Nur Peter hatte Pech. Zwischen ihm und dem anvisierten Ziel war ein Weidedraht und just in diesem wichtigen Moment kam ein Stromstoß. Was die Rindviecher vom Zaun abhielt, das traf nun Peter an seiner empfindlichsten Stelle. Jetzt konnte er vermutlich nur noch Priester werden. Auf jeden Fall bekleidete er später ein hohes Amt in der Diözese.

Erste Liebe

Es war nicht Maria, die Gottesmutter.

Zuerst war es sicher mal meine Mutter, die ich als weibliches Wesen liebte, dann kam eine Marianne, eine Inge, eine Hermine und manche andere, denen ich nachschaute und die ich verehrte.

Ich habe dies alles unbeschadet überstanden und wurde schließlich Student der Theologie. Doch da saß sie in der zweiten Reihe und ich neben ihr - ihren Namen verrate ich nicht -, ich möchte sie nicht in Verlegenheit bringen. - Es war **die** große Liebe. Wir verbrachten die ganze Studienzeit miteinander, das Freisemester in München, die Stadtranderholung in Tübingen. Weder Kommilitonen noch Professoren gaben einen Pfennig für mein künftiges Priestertum, das ja nach dem Willen des „Herren Babstes" unbeweibt sein sollte. Ihr und mir zuliebe habe ich mir einen Nachschlüssel für das Johanneum gefeilt und mir später auch für das Wilhelmsstift "a Häkele" besorgt. Und sie hat mich begleitet und mir geholfen, mein Ziel zu finden, auch wenn es viele Tränen gekostet hat.

Viel später habe ich sie getraut und ich denke, dass sie mit ihrem Mann und den beiden Kindern glücklich geworden ist.

Schwäbische Spende

Es war in Tübingen. Mit meiner Jugendgruppe, die ich als Student leitete, war ich als Sternsinger unterwegs. Wir versuchten uns in die Tübinger Herzen zu singen und sammelten für die Kinder in der Mission. Es war die Zeit, in der ein Zehnmarkschein noch sehr viel wert war, doch wir brachten nur Silbermünzen zusammen.

Wir läuteten an einer vornehmen Villa ohne auf das Namensschild zu blicken, wurden eingelassen und standen plötzlich Herrn Kiesinger gegenüber, dem Ministerpräsidenten unseres Landes. Ich erkannte ihn gleich und war etwas zurückhaltend, doch meine Kids sangen unbefangen und aus Herzenslust vom „Stern, den wir bringen" und dann am Schluss hieß es: „So öffnet willig eure Hände und gebt uns eine gute Spende!"

Der Politiker öffnete nicht die Hände, sondern seinen Geldbeutel, suchte und schwenkte dann einen Hundertmarkschein. Unsere Augen strahlten, nicht nur wegen der armen Kinder in Afrika, sondern weil unsere Gruppe damit sicher auch die Ersten im edlen Wettbewerb der Spendensammler unter den Sternsingern geworden wäre. Doch Herr Kiesinger fragte: „Könnt ihr rausgeben?" Die Enttäuschung war greifbar unter meinen Sängern und bei mir, so dass ich heute nicht mehr weiß, ob wir rausgeben konnten und wieviel. Doch ich denke, eine schwäbische Spende zählt doppelt und dreifach.

Ein bischöfliches Verbot!

Frohgemut brach ich 1963 zum Freisemester nach München auf, vor allem auch, weil meine große Liebe ebenfalls nach München zog. Und es wurde ein schönes Semester. Doch dann kam plötzlich ein großer Brief vom Bischof aus Rottenburg, in dem auf Schmuckpapier folgendes stand:

```
Dem Theologen des 3. Kurses, Klaus Braden,
wird    laut    Erlaß    des    Bischöflichen
Ordinariats   die  Erlaubnis  erteilt,  seine
Studien   an   der   Universität   München
fortzusetzen.
```

Und weiter stand da unter anderem:

```
Das     Tanzen    ist    ihm    sowohl    bei
Festlichkeiten, wie auch im privaten Kreise
untersagt..... und keiner soll vergessen,
dass er auch der Hüter seines Bruders ist.
```

Ich habe meine Studien eifrig fortgesetzt und ganz schnell im Dachgarten des Deutschen Hofs das Tanzen gelernt, damit ich wissen konnte, was man mir verbietet. Was mich aber ärgerte, war, dass ich scheinbar der einzige Theologe aus Rottenburg war, dem die Ehre eines solchen Schreibens zuteil wurde. Ich konnte doch nicht Hüter aller übrigen sein!

Eva war noch immer schuld

Im Freisemester in München fand ich Unterschlupf bei den Unbeschuhten Karmelitern in der Dom-Pedro-Straße. Hier lernte ich auch, wie man Gulasch und Nudeln mit einen einzigen Tauchsieder zubereitet und beides zur gleichen Zeit fertig bekommt.

Ganz neu war das Heim eingerichtet und darum waren noch kaum Vorschriften erlassen. Doch das sollte sich bald ändern und Schuld daran hatte Eva, wie schon am Anfang der Bibel beschrieben. Zwei Kommilitoninnen hatten sich zu Besuch angesagt und wurden in meine Bude eingeladen und eingelassen. Wir speisten Gulasch wie oben beschrieben und tranken Säfte, die uns lustig und mutig machten. Beim Verlassen des Hauses am späten Nachmittag rutschten wir gemeinsam das breite, einladende Treppengeländer hinunter, die Damen vorneweg und ich beschützend hinterdrein, wie es sich gehörte.

Zu seinem und unserem Unglück wandelte unten ein ehrwürdiger Pater und strebte dem Abendbrot und seiner Maß Bier zu. An seinem hungrigen Bauch kamen die Mädchen zum Stillstand und ich brummte fast ungebremst noch drauf.

Es war zwar ein stämmiger bayrischer Pater, doch er hatte einen leeren Bauch und deshalb hatte das Geländerrutschen auch ungewollte Folgen. Aber es wurden keine dicken Messingknöpfe in das Geländer eingeschraubt, die das Rutschen verhindert hätten, sondern ein Damenparagraph wurde eingeführt und hinfort durfte kein weibliches Wesen mehr das Heim betreten und einen hungrigen Pater stören. Ich aber konnte meine Tauchsieder-Koch-Kenntnisse nicht mehr in Anwendung bringen. Ich wäre sicher darin Meister geworden und mein Pfundskur-Koch-Bruder sähe heute ziemlich blaß aus, wenn man mich gelassen hätte.

Aber ich bin unschuldig! Die Mädchen waren es. Warum mussten die sich auch einen ungesättigten Paterbauch als Bremsklotz suchen?

Babylonische Sprachverwirrung

Bei meiner Weihe zum Diakon fuhr ein Kleinbus von Welzheim in die Domstadt. Mit meinen Eltern kamen auch ein paar Gemeindemitglieder, um mich bei diesem Schritt zu begleiten. Sie beteten und sangen, und als gute Katholiken hatten sie anschließend Hunger und Durst.

Den stillten sie auch in einer Rottenburger Kneipe und genossen, gut beraten vom Küfer Braden, auch ein paar Viertele Württemberger Trollinger. Gegen Ende der Mahlzeit wandte sich eine alte Frau aus der Batschka an meinen Vater und fragte: "Wos wor dos für a Wei?" Mein Vater ganz in seinem Element gab zur Antwort: "Ha, en Haberschlachter!" "Nee de Wei!" begehrte jene Frau auf, doch mein Vater bestand felsenfest darauf, dass es sich um einen Haberschlachter Trollinger Jahrgang 1962 gehandelt habe. Die Frau war immer noch nicht zufrieden und so wurden die anderen in die Diskussion einbezogen, bis sie sich schließlich darauf einigten, dass es doch kein Haberschlachter Wein gewesen war, sondern die Weihe zum Diakon. So geht es halt, wenn man die Wei und den Wei sprachlich nicht auseinanderhalten kann. Ich liebe aber bis zum heutigen Tag den Haberschlachter Wei, denn der ist öfter zu bekommen, als die Wei zum Diakon.

Mein erster Chef

Er war fromm und gesetzesfürchtig, doch mit dem neuen Vikar kam er gar nicht so zurecht. Der Vikar mit ihm auch nicht.

In den ersten Tagen versuchte er mir klarzumachen, dass der Hausschlüssel nur bis 22 Uhr schließe. Ich habe es dann ausprobiert. Auch frühmorgens konnte ich das Schloss noch betätigen und zu einem kurzen Schlummer ins Bett hüpfen.
Ich war jung und die Jugend war natürlich auch jung und wir hatten viel Spaß miteinander. An der Fasnet hieß es dann einmal: „Gell, Herr Vikar, die kleinste Wirtschaft ist schöner als das größte Pfarrhaus."
Recht hatten sie!

Die Unterstützung von Kollegen hat mich überleben lassen.

Nicht mehr katholisch

Mein Chef war besorgt wegen meiner Rechtgläubigkeit. Kein Wort durfte ich bei der Messliturgie ändern, sofort ermahnte er mich und oft gab es nach meinen Predigten heftige Auseinandersetzungen.

Einmal konnte er sich nicht bremsen. Ich predigte über den Text aus einem Johannesbrief „Wer die Güter dieser Welt besitzt, aber seinen Bruder Not leiden sieht, wie kann in dem die Liebe Christi wohnen."

Das Thema lag mir, und ich redete uns allen ins Gewissen.

Nach dem Amen trat mein Chef ans Mikro und meinte elektronisch verstärkt: „Herr Vikar, das war nicht mehr katholisch!"

Ich stand immer noch auf der Kanzel und aller Augen richteten sich auf mich: „Herr Dekan, dann ist auch die Bibel nicht mehr katholisch, denn sie sagt doch folgendes...." Und ich erklärte nochmals ihm und der Gemeinde, was der Verfasser des Johannesbriefes hier sagte. Schließlich stimmte er das Credo an. Auf eine öffentliche Diskussion wollte er sich doch nicht einlassen. Fast hätte es Beifall gegeben, denn alle meinten, es sei ein abgesprochener Dialog gewesen.

Mit diesem Vorwurf, nicht mehr katholisch zu sein, musste ich mich immer wieder neu herumschlagen. Es ist ein gängiger Vorwurf, der auch päpstlich abgesegnet ist.

Der Trick mit dem Kavalier

In Schramberg war ich für die Mädchenarbeit zuständig. Nach jeder abendlichen Leiterinnenrunde brachte ich einige der Mädchen nach Hause. Es war mir ein Anliegen, dass sie dort gut ankommen und dass die Eltern sich keine Sorgen machten. Bei Anita fiel mir auf, dass sie jedesmal beim Aussteigen überlaut „Gute Nacht, Herr Vikar!" rief. Jedesmal senkte sich der Vorhang in der Wohnung und die Mutter konnte froh sein über die sichere Heimkehr. Erst später wurde mir klar: Anita rief jedesmal, wenn ein Auto sie nach Hause brachte: „Gute Nacht, Herr Vikar!" Und jedesmal war die Mutter zufrieden über den fürsorglichen Vikar und konnte beruhigt den Vorhang fallen lassen. So konnte die Liebe mit ihrem Hans ungestört von elterlichen Mahnungen blühen.

Irrtum

Seit Kindertagen habe ich einen Tick. Ich zwinkere mit den Augen, entweder einfach oder auch doppelt. Kein Arzt konnte helfen und jetzt lebe ich eben damit.
Als junger Vikar leitete ich die erste Leiterinnenrunde bei den Mädchen.
Eines dieser liebenswerten Geschöpfe erzählte daraufhin seiner Mutter: „Du, mit dem neuen Vikar verstehe ich mich prima; der hat mir immer zugezwinkert!"

Haarige Sachen

Früher war ich, wie der größte Teil der Menschheit, bartlos. Fräulein Renz, die Schwester meines Chefs, drohte mir gar: „Kommen Sie bloß nicht mit einem Bart nach Hause!" Ich hielt mich dran, auch wenn sie nach einem Blick auf ein bärtiges Ferienbild meinte: „So schlecht sieht es ja gar nicht aus." Ein halber Freispruch. Dann kam die Stunde der Wahrheit. Nach einem Urlaub in Venezuela war ich braungebrannt, doch die Haut unterm Bart war hell geblieben. Der Bart blieb, und alle gewöhnten sich daran, und ich war stolz auf meine Manneszier. In Ludwigsburg fand ich dann mal ein "antikes" bartloses Bild vom Neupriester Klaus und zeigte es ahnungslos Frau Reuschenbach im Pfarrbüro. Es erfolgte ein Aufschrei und der Ruf: „Um Himmels willen, musst du froh sein, dass du einen Bart trägst!"

Wer kann mir nun sagen, wie ich damit umgehen soll?

In Nattheim kürzte ich dann mal meinen Bart und erntete den Vorwurf von Margret: „Lass ihn bloß wieder wachsen, sonst sieht man Dein Doppelkinn!"

Kann man es den Frauen überhaupt nie recht machen?

Der Jungfrauentöter

Damals, als ich noch daran glaubte, mit der Kraft theologischer und anderer Argumente die Welt zu verbessern, las ich aufmerksam das katholische Sonntagsblatt und ab und zu fand ich Artikel, die zum Widerspruch reizten. So schrieb einmal ein Mann namens Degenhardt einen Artikel zur Jungfrauengeburt, der jede theologische Qualifikation vermissen ließ, weil er diese biologisch deutete und keinerlei Ahnung zeigte von biblischer Theologie. Dies reizte mich zum Widerspruch, denn ich meinte damals, das Sonntagsblatt sei auch für die Bildung der Katholiken gedacht.
Ich setzte mich hin und tippte auf meiner alten Schreibmaschine einen Leserbrief, in welchem ich auf die Fehler des Artikels aufmerksam machte, denn die Bibel ist kein Biologiebuch.

Darauf brach ein Sturm der Entrüstung los, denn besagter Degenhardt war Weihbischof und ist heute jener Bischof, der im Fall „Drewermann" eine solch unrühmliche Rolle spielte, weil er auch 25 Jahre später noch nicht klüger geworden war. Der Entrüstungssturm, der in einem Leserbriefkrieg ausartete, musste vom Sonntagsblatt abgebrochen werden, ohne dass die Sache sinnvoll hätte geklärt werden können, doch mir brachte dies unter Kollegen den Spitznamen "Jungfrauentöter" ein.

Der Glaubenstest

Immer wieder muss ich vor unbekannten Menschen auftreten und predigen, bei Taufen, Hochzeiten und Beerdigungen. Ich weiß nicht, wer die Menschen sind, woher sie kommen, was sie denken, doch ich soll in der Predigt mein Inneres nach Außen kehren. Was tun, was sagen und vor allem, wie sage ich es? Deshalb habe ich einen Glaubenstest entwickelt, der mir zumindest sagt, ob die Leute in der Kirche beheimatet sind, oder ob sie "abständig" sind.

Ich beginne immer mit dem „Im Namen des Vaters und..." Dabei mache ich groß und deutlich das Kreuzzeichen. Da gibt es dann welche, die ganz selbstverständlich auch das Kreuzzeichen machen, dann gibt es sehr viele, die schauen sich verwundert um, weil sie nicht wissen, was das Ganze soll und wieder andere, denen zuckt die Hand und sie wedeln im Gesicht herum, als gälte es Fliegen zu verscheuchen, sind dann aber ganz verlegen, weil ihr verdrängtes Katholisch-Sein sie jetzt verraten hatte.
Jetzt weiß ich also, was es für Leute sind, die da vor mir sitzen und kann sie dementsprechend "bepredigen." Und mancher hat bei meinem Test nach Jahren wieder mal ein Kreuzzeichen gemacht.

Gehorsam?

Es war bei einer Diakonsweihe in Stuttgart. Ein ehemaliger Oberministrant sollte zum Diakon geweiht werden. Die 15 jungen Männer standen vorne im Altarraum. Sie traten vor den Bischof und knieten nieder. „Versprichst Du mir Gehorsam, mir und meinem Nachfolger?" wurde jeder gefragt und jeder sagte: „Ich verspreche es." Fünfzehnmal dasselbe.

Ich kam ins Sinnieren.

Gibt es in der Kirche denn nichts Wichtigeres, als einem Menschen Gehorsam zu versprechen? Ist das die Form, die eines erwachsenen Menschen würdig ist? Bei der Priesterweihe kommt ja dann nochmals dasselbe Versprechen. Warum versprechen die Diakone und Neupriester nicht Gehorsam dem Evangelium gegenüber, sondern Gehorsam einem Menschen gegenüber? Hat die Kirche Angst vor der Freiheit? Sollte nicht ein heutiger Bischof auf diese Form verzichten? Mir wurde immer unwohler, denn wurde und wird nicht mit dem Gehorsamsversprechen viel Unfug angestellt? Gehorsam dem Führer, Gehorsam dem Bischof, Gehorsam dem Papst. Wo bleibt der Gehorsam gegenüber Gott und seinem Wort?

Ich jedenfalls habe einen intelligenten Gehorsam versprochen, der sich am Evangelium orientiert und mit dem muss der Bischof zufrieden sein. Soll ich ihn mal danach fragen?

Aufschlussreich

Fast täglich flattert mit der Post eine schwarz umrandete Karte ins Pfarrhaus, auf welchem als Service der Diözese der Tod eines Mitbruders mitgeteilt wird.

Da kann man dann feststellen, dass einer der Kollegen 55 Jahre im gleichen Dorf zugebracht hat, nachdem er mit 28 Jahren dort Pfarrer wurde. Vor meinem inneren Auge sehe ich eine blühende Pfarrei vor mir, die 55 Jahre den gleichen Pfarrer ertragen hat.

Neulich aber war ich doch verblüfft. Pfarrer N.N. war gestorben und ich entnahm der Todesanzeige, dass er mit 63 Jahren   nach seiner Pensionierung in einem Zivilberuf Diakon wurde und als dann (endlich) seine Frau gestorben war, konnte er im hehren Alter von 70 Jahren doch noch Priester werden und eine Pfarrei übernehmen.

Eine gelinde Wut überkam mich. Sieht so die Zukunft des Priesterbildes aus?   Dann, wenn andere in Ruhestand gehen, reicht es immer noch zum Priester und zur "Versorgung" einer Pfarrei. Ist es ein Wunder, dass der Bischof keinen Pfarrer mit 65 Jahren ohne ärztliches Zeugnis in den Ruhestand gehen lassen will? Zum Pfarrer reicht es immer noch.....

Muss ich extra betonen, dass Pfarrer N.N. vermutlich ein integrer Mensch war?

Aber ist dies die Zukunft der Kirche, um mit Teufels Gewalt den Zölibat zu erhalten? Welches "aufmunternde" Bild für den Priesterberuf ergibt sich für die Jugend?

Hählenge

In Ludwigsburg war es. Zum erstenmal war ich allein verantwortlicher Pfarrer und ich spürte, dass ich bei den Predigten etwas und auch manche Herzen erreichen konnte. Ja, und manchmal war halt "was los" in der Messe.

Da gestand mir eine Frau: „Ich trau mich gar nicht mehr, am Sonntag zu fehlen, weil ich sonst Angst habe, dass ich etwas versäume." Ein Lob, das ganz „hählenge" (heimlich) daherkam.

Weniger „hählenge" waren allerdings die, welche aus Protest nicht mehr kamen, weil sie den Eindruck hatten, ich hätte in einer Predigt sie gemeint. Sie erzählten jedem, der es hören wollte, wie schlimm und politisch und wenig priesterlich ich sei.

So isch`s no au wieder.

Endgültige Blamage
oder endgültiger Beschluss?

Es war im Jahr 1994, der regierende Papst rutschte in der Badewanne aus und brach sich den Oberschenkel. Daraufhin schwadronierte er davon, dass er mit seinem Leiden die Kirche in nächste Jahrtausend führen wolle. Es war peinlich, was die vatikanische Pressestelle der staunenden Öffentlichkeit kundtat. Auch das Sonntagsblatt unserer Diözese berichtete darüber. Gleichzeitig wurde die Entscheidung über die Ablehnung der Frauenordination veröffentlicht.

Nach einem fröhlichen Abend mit einem Afrikamissionar, bei dem wir viel über diese Meldungen lachten, schrieb ich folgenden ironischen Leserbrief:

Vorausgesetzt, die Berichte im Katholischen Sonntagsblatt Nr. 23 stimmen, dann macht Johannes Paul mal wieder endgültig Nägel mit Köpfen. "Endgültig" und "darüber darf nicht mehr diskutiert werden", so beschließt der Herr über unseren Glauben, dass die Frauen endgültig nicht zum Priesteramt zugelassen werden. Das ist so endgültig wie die Verurteilung Galileis, wie das Verbot des Zins-Nehmens, wie die Ablehnung der Demokratie und der Religionsfreiheit oder die Ablehnung der römischen Kanalisation durch erlauchte Vorgänger des jetzigen Papstes.
Nein, endgültig blamiert hat sich der Papst, wenn er der Gottesmutter für das Geschenk des Leidens dankt. Hat Maria ihn wohl ausrutschen

lassen oder hat sie ihn gar endgültig fallen lassen? War es vielleicht der 13. des Monats oder gibt es einen neuen Marienfeiertag? Was soll die Anmaßung, dass er durch sein Leiden die Kirche in das 3. Jahrtausend führen müsse? Lautes Gelächter erhebt sich mitten in der Kirche. Es ist kein fröhliches Lachen. Das Gelächter ist natürlich nur dann berechtigt, wenn die Berichte stimmen.

Die Reaktionen waren überwältigend: zustimmend und ablehnend. Vom Bischof kam die Aufforderung, mich öffentlich zu entschuldigen. Da ich nicht wusste, für was ich mich entschuldigen sollte, wartet er noch heute darauf.

Plus-Willi auf Firmungsreise

Es war wieder einmal Firmung. In Aalen bemühten wir uns, eine große Zahl von Firmbewerbern auf diese heilige Handlung vorzubereiten, und weil es so viele waren, sollte den jungen Leuten an 3 Tagen hintereinander das Sakrament der Mündigkeit gespendet werden. Seine Exzellenz, der volksverbundene und allseitsets beliebte Weihbischof Wilhelm Sedlmeier - volkstümlich Plus-Willi genannt -, sollte zur Firmspendung aus der Bischofsstadt anreisen. Wir freuten uns darüber, denn Plus-Willi garantierte eine fröhliche Firmung.

Am ersten Tag rauschte er auch ganz selbstbewusst in die übervolle Salvatorkirche ein und beschloss die Herzen im Sturm zu nehmen. „Liebe Kinder, wer kommt heute zu Euch?" begann er seine denkwürdige Ansprache. „Der Bischof," rief einer, „nein, der Weihbischof," ein anderer. „Nein, ja, der auch," meinte der Weihbischof, „aber wer kommt noch?" „Meine Patin," wusste ein Mädchen zu erzählen, „meine Oma," eine andere. „Ja, selbstver-ständlich, das ist ja prima," meinte Plus-Willi; war aber immer noch nicht zufrieden. Auch wir Pfarrer überlegten im Stillen, wer da wohl heute komme und waren dankbar, dass er uns nicht fragte. Schließlich, nach vielen vergeblichen Versuchen, gab der Weihbischof die Lösung vor: „Der Heilige Geist kommt doch zu Euch!" Ein Aufatmen ging durch die Menge. Natürlich, der Heilige Geist, so einfach war das, und die Firmung mit der Ankunft des Heiligen Geistes konnte fortgesetzt werden.

Am 2. Firmungstag wollte Plus-Willi es nicht nochmals wissen, wer da wohl komme, obwohl es jetzt alle gewusst hätten. Deshalb deutete er zur Predigteröffnung auf seinen Kopfschmuck und fragte: „Was ist das?" Die fromme Menge erstarrte in Ehrfurcht, denn der Heilige Geist konnte das ja wohl nicht sein. Immer noch tippte der (weih)bischöfliche Finger fragend an den Kopfaufbau, bis schließlich einer rief: „Ein Hut!" „Ja, doch dies ist nicht ganz richtig, was ist das?" „Ein Bischofshut," mutmaßte wieder ein Mädchen. Wir Pfarrer hatten ja alles erwartet, aber nicht, dass Plus-Willi die bischöfliche Kleiderordnung abfragen sollte. Auch diesmal musste er selber die Antwort „Mitra" geben.

Der 3. Firmungstag brachte dann den Höhepunkt bischöflicher Katechese. Die Eingangsfrage war: „Zu was braucht Eure Mama das Öl?" Unbeeindruckt von mütterlichen Kochkünsten schwiegen die jungen Leute, denn weder „Heiliger Geist" noch „Mitra" passte hier. Dreimal wiederholte Plus-Willi die katechetisch so wichtige Frage, um dann schließlich wiederum selber die Antwort zu geben: „Die Mama braucht das Öl zum Salat, damit der kräftig wird." Jetzt hatte er die Kurve gefunden, um von der Kraft des Gottesgeistes in der Firmungssalbung zu sprechen.

Noch jahrelang war Plus-Willi sauer auf die Pfarrer aus Aalen (er hat es mir schriftlich gegeben), die den Firmlingen nichts von Mitra und Salatöl und zu wenig vom Heiligen Geist erzählt hatten.

Priesterlicher Dienst

Die alte Dame kam in die Sakristei und öffnete ihr Gesangbuch, um ihm ein bedrucktes Kuvert zu entnehmen, offensichtlich eine Spende für die Kirche. Erfreut wandte ich mich ihr zu, doch sie bat mich nur, diesen Umschlag beim Arzt einzuwerfen, wenn ich nach Nattheim zurückfahren würde. Gut, das war ja auch kein Problem, doch eine Spende war das nicht.

Beim näheren Hinsehen entdeckte ich auf dem Kuvert die Aufschrift „Stuhlproben zur Feststellung von okkultem Blut im Stuhlgang - Bitte an drei Tagen hintereinander entnehmen!"

Mit spitzen Fingern verschloss ich den noch offenen Umschlag und brachte ihn zum Arzt.
Was tut man nicht alles für seine Gemeinde!

Eine politische Predigt

In Aalen stand die Wahl zum Oberbürgermeister an. Schon lange merkte ich, dass die politische Toleranz in der Kirchengemeinde zu wünschen übrig ließ. Manche meinten, nur eine Partei sei für die Katholiken wählbar und so wurden SPD-Anhänger in der Kirchengemeinde und bei den katholischen Vereinen geschnitten und der CDU-Mann als "unser" Kandidat bei Festen begrüßt, während der SPD-Mann überhaupt nicht beachtet wurde. Da beschloß ich, eine Predigt zum Thema zu machen und wählte dazu die Schriftstelle: „Gebt dem Kaiser, was dem Kaiser gehört und gebt Gott, was Gott gehört." Weil ich wusste, wie heiß diese Sache war, ließ ich in allen drei Gottesdiensten ein Tonband mitlaufen. Die Aufregung war groß, denn statt Kaiser sagte ich Partei und ich beschwor alle, doch den Wählern aller demokratischen Parteien in unserer Gemeinde Heimatrecht zu gewähren. Kleinkarierte Parteistrategen hielten dies für eine Wahlwerbung für die SPD, besonders die, welche die Predigt nicht gehört hatten. Ein Parteivorsitzender und der alte und neue Landrat beschuldigten mich, die Kirche zu politisieren, obwohl ich nur gesagt hatte: „Verwischt nicht die Grenzen zwischen Partei und Kirchengemeinde." Gewählt wurde damals übrigens der SPD-Kandidat, und ich war schuld daran, wie CDU-Leute kolportierten. Jedem, der sich beklagte, gab ich einen Mitschnitt der Predigt nach Hause, damit er sie in Ruhe anhören konnte und plötzlich wurden die meisten Kritiker sehr kleinlaut.
Ich habe dann diese Predigt in Ludwigsburg und in Nattheim nochmals gehalten, und niemand hat sich aufgeregt.

Kaspereien aus der Domstadt
oder: Die unglaubliche Geschwindigkeit
der bischöflichen Behörde

Unglaubliches hat sich zugetragen.

Ein Pfarrer auf dem Härtsfeld, zuständig für 3 (drei) Pfarreien, hat an Fronleichnam nach dem Festgottesdienst in der einen Gemeinde einem ungesalbten Laien die Monstranz überlassen, um in den anderen Gemeinden auch Fronleichnam feiern zu können. Jener Ungeweihte zog mit Zustimmung des Kirchengemeinderates in festlicher Prozession durch das Dorf und erbat den Segen des Allmächtigen, indem er die Monstranz hob und senkte, wie er es bei seinem geweihten Mitbruder abgeguckt hatte, und alle waren zufrieden, denn es war den Glaubenden bewusst, dass die Gnade Gottes nicht von gesalbten Händen abhängt. Nur eine alte Frau, allseits einschlägig bekannt, fühlte sich anstößig berührt und meldete dies pflichtschuldigst noch am Donnerstag, dem hochheiligen Fronleichnamstag, nach Rottenburg an den Sitz der hochverehrlichen bischöflichen Behörde.

Alsda las Kasper, der Bischof, den Brief am Freitag in der Frühe und er ergriff sogleich den Telefonhörer, um dem Härtsfeldpfarrer kraft seiner theologischen Kompetenz eines aufs Dach zu geben. Doch er erreichte nur die Putzfrau, die in Ehrfurcht erstarrte. Da auch die bischöfliche Sekretärin von dieser eminent wichtigen Sache keine Ahnung hatte, musste der nachfragende Pfarrer sich in Ehrfurcht gedulden, bis selbiger Kasper am folgenden Montag, dem Ruhetag der Pfarrer, nach viermaligem Versuch den ungehorsamen Pfarrer erreichte und ihm sein Missfallen kundtat, dass ein ungeweihter, aber dennoch gläubiger Christ sich erdreistete, die Monstranz - Segen erheischend - durchs Dorf zu tragen. Zwar konnte auch der Bischof selber nicht sagen, was daran wohl falsch gewesen sein sollte, doch wenn Bischöfe sprechen, haben Laien und auch Pfarrer zu gehorchen. O Heiliger Martinus, bitte für uns ..... und verschone uns! Wenn man die Geschwindigkeit dieser bischöflichen Maßnahmen mit dem Zeitaufwand und den Telefonkosten (7 Ferngespräche zu den teuersten Zeiten) in Beziehung setzt zu den Problemen unserer Zeit und der Gemeinden, dann kann man bloß sagen: „Lass andere Theologie treiben - tu felix episcopus - telefoniere." Es fällt schwer, über diesen Vorgang keine Satire zu schreiben, und auch Obiges sind nur reine Tatsachen. Dies hat sich ereignet - **nicht** im vorletzten Jahrhundert - sondern im Jahr des Heiles **1996** zwischen Donnerstag 6. Juni und Montag 10. Juni in Dunstelkingen und Demmingen und eben auch in Rottenburg. Betroffene waren neben Kasper, dem Bischof auch Georg, der Pfarrer und Joachim, der Gemeindereferent sowie die gewählten Vertreter der Kirchengemeinde. Doch die haben eh nichts zu melden, wenn der Untergang der Kirche droht und wenn der Bischof seine theologische Kompetenz gefährdet wähnt. Vielleicht sollten wir dem Bischof noch öfters solche schwierigen Probleme zum Knacken geben, dann werden seine sonstigen Verlautbarungen und Hirtenbriefe seltener und kürzer.

Ein Küfer im Himmel
oder die Unbegreiflichkeit Gottes

Ich bin Sohn eines Küfers und stamme aus dem "Fässle" unserer Gastwirtschaft. Dass dies lange Zeit mein Spitz- und Rufname war, sei kurz angemerkt.

Mein Vater war mit Leib und Seele Küfermeister von altem Schrot und Korn. Er liebte seinen Beruf, seinen Keller und alles, was damit zusammenhing.

Mit 83 Jahren machte er sich in Begleitung von Mutter und seinen ehemaligen Wirtskollegen zu einer Weinprobe ins Badische auf. Dort besuchten sie eine Weinkellerei, um den badischen Wein zu probieren. Doch der liebe Gott verhinderte, dass ein württembergischer Küfer dem badischen Wein zu nahe kam und noch bevor er den ersten Tropfen schlotzen konnte, traf ihn ein Herzschlag und Vater war tot. Die Aufregung war verständlich und die verwaltungstechnischen Umstände der Überführung waren nicht einfach.

Trotzdem ist es unbegreiflich, dass er ohne ein Viertele in den Himmel gerufen wurde. Was Gott sich wohl dabei gedacht hat?

Nicht mal die badisch-schwäbische Erbfeindschaft darf da als Entschuldigung gelten, oder steht der liebe Gott vielleicht doch auf der Seite der Schwaben und wollte dieses Beinah-Sakrileg mit dem badischen Wein verhindern? Ich werde ihn mal danach fragen und bringe dann Vater bestimmt a Fläschle schwäbischen Trollinger mit - auch ohne Erlaubnis. Wir Kinder haben unseren Vater dann selber zu Grab getragen. Darf ich sagen, dass es schön war, sein Gewicht zu spüren, denn er hat uns ja auch oft getragen.

Der Handelsvertreter

Ich machte mal wieder einen Hausbesuch. Der alte Opa hatte Geburtstag gehabt. Drei Stockwerke ist das Haus hoch. Ich läute an der obersten Wohnung. Ein Fenster geht auf: „Was wellet se?" kommt es von oben herab. „Einen Besuch machen!", rufe ich genauso laut nach oben. „Warum?", kommt die Frage. Ja, warum mache ich den Besuch? Was soll ich zurückbrüllen? Vielleicht: Den alten Herrn beehren, oder: Den Glauben überprüfen, oder, weil es freitags ist: Schauen, was sie kochen. Nichts von alledem tu ich. Ich bringe das einzig türöffnende Argument: „Ich bin der Pfarrer!", schreie ich. „Welcher Fahrer, mir hend koin Fahrer!", brüllt die Stimme zurück und ich spüre, wie sich überall die Vorhänge bewegen und auch Fenster sich öffnen. Standhalten oder fliehen, das ist jetzt meine Frage. Ich halte stand und schreie nochmals und betone die ersten beiden Buchstaben deutlich: „Der Pf-Pfarrer bin ich!" „Ach so der Pfarrer, i komm nonter." Endlich ist es geschafft, so denke ich. Von wegen. Die Ausfragerei geht weiter. „Wisset se, mir lasset koine Vertreter ens Haus." Als Vertreter der Firma "Gott und Sohn" kenne ich jetzt meine Grenzen. Unter der Haustüre muss ich mir dann anhören, dass die Hausfrau bei meinem Vor-Vor-Vorgänger Purkhard mal im Kirchenchor gesungen hat und dass die Kinder nicht mehr in die Kirche gehen. „Was mich schon lange interessiert," werde ich gefragt, „seit wann ist Pfarrer Purkard nicht mehr da? Der Opa ist übrigens auch nicht da." Pfarrer Purkard ist vermutlich 1948 weggegangen, doch der Opa kommt sicher innerhalb von 2 Wochen wieder zurück. „Dann müssen Sie mit uns aber Kaffee trinken, oder wollen Sie lieber ein Viertele?" Der Handelsvertreter in Sachen "lieber Gott" will momentan bloß seine Ruhe.

Pumuckl

Ich führte die künftigen Erstkommunikanten von St. Johann in die Kirche. Es war eine Rasselbande, von der viele die Kirche noch nie von innen gesehen hatten. Wir schauten uns alles an, und ich erklärte so gut es ging den Tabernakel mit dem Ewigen Licht, das gar nicht ewig brennt. Ich erzählte vom Namenspatron der Kirche, ich sagte, wozu die Kanzel und der Altar dienen und ich zeigte auf die schönen Wandteppiche. Doch immer, wenn ein Lehrer oder Pfarrer nicht mehr weiterkommt, fragt er: „Wollt ihr sonst noch was wissen?" Das tat ich auch. Darauf meldete sich einer und fragte: „Was ist das dort für ein Pumuckl an der Wand?" Und dabei deutete er auf das Kreuz.
Herr Jesus Christus, König des Weltalls und Pumuckl von Ludwigsburg, erbarme dich unser.

Letzter Ölwechsel

Ein Anruf kam: „Bitte schnell zu meiner Mutter ins Krankenhaus. Sie braucht die letzte Ölung!" Ich sagte zu, dass ich die Krankensalbung spenden werde, doch hatte ich ein Problem, denn mein Auto war bei der Reparatur. Ich fragte: „Können Sie mich abholen, damit wir miteinander das Sakrament feiern?" Antwort: „Das können Sie doch von mir nicht verlangen. Ich komme doch gerade von dort!" Es stellte sich heraus, dass die Angehörigen fluchtartig das Sterbezimmer verlassen hatten und nun von der sicheren Wohnung aus mich wie einen Voodoo-Priester bestellen wollten, damit ich meine Rituale vollziehe. So nicht!

Es war mühsam, ihnen zu erklären, dass ich nur zusammen mit den Angehörigen dieses Sakrament feiern werde. Und die Klage über den Pfarrer, der nicht seine Pflicht tun wollte, begleitete mich lange.

Hokus-Pokus

Ich betrachte mich als einen Menschen des 20. Jahrhunderts, doch immer wieder werde ich im religiösen Bereich mit Menschen konfrontiert, die erst kurz die Steinzeit verlassen haben, die unreflektiert fromme religiöse Gebräuche praktizieren, weil man es schon immer so gemacht hat. Warum soll ich zum Beispiel ein Gesangbuch weihen? Es wird doch geweiht, wenn der Besitzer es benützt und damit singt und betet. Oder, worin unterscheidet sich Dreikönigswasser von Weihwasser? Im Weihwasser sei Salz drin, wurde mir erklärt. Was aber, wenn ich kein Salz verwende? Habe ich dann das ganze Jahr über Dreikönigswasser?

Wer möchte, dass ein Gegenstand gesegnet wird, der darf ihn bei mir immer auf den Altar legen, weil ich nicht im stillen Kämmerlein oder in einem Winkel der Sakristei irgendeinen frommen Ritus vollziehen will, sondern gemeinsam um den Segen Gottes beten will. Neulich lag ein silbernes Sternzeichen auf dem Altar. Soll ich es segnen oder den Teufel austreiben? Wir beteten gemeinsam für den, der es einmal tragen soll, dass er sich bei Gott geborgen weiß und nicht an den Unfug der Sterne glauben muss. Ich hoffe, damit war es genug gesegnet.

D`Kirch

Allen Nichtschwaben muss man es sagen, dass "Kirche" bei uns nicht nur der Bau und die Gemeinschaft der Glaubenden heißt, sondern auch die Sonntagsmesse ist "eine Kirch."

Wir hatten in Auernheim eine fröhliche Fasnetsmesse gefeiert mit einer schwäbischen Predigt vom Kirchenmäusle. Da kam ich nachmittags nochmals ins Dorf und der Ochsenbauer kam gerade vom verlängerten Frühschoppen aus der "Kanne." Er hielt mich an und schwärmte: „Herr Pfarrer, dui Kirch heut morgen war die schönste Kirch en dera Kirch, die i jemols mitgmacht han."

Das Lob vom Ochsenbauer hat mich besonders gefreut.

R. Thielen

Recht hat er...!

Florian sollte getauft werden. Vater und Mutter wollten es so, vielleicht war es auch die Oma, die es wollte. Zu den Taufgästen gehörte auch der vierjährige Cousin Alexander, welcher allerdings noch nicht getauft war. „Was macht der Mann da vorne?" fragte er lautstark ganz leise. „Der Florian wird getauft. Er soll ein Gotteskind werden," sagte die Mutter und ergriff sogleich die pädagogische Chance ihres Lebens: „So wirst Du auch bald getauft, dann wirst du ein Christ." Stille, - die Oma strahlte, - darauf der kleine Alexander: „Ich will aber nicht Christ sein, ich will ein Mensch sein." Recht hatte er, der kleine Mensch - wer wagt das zu bestreiten?

Missglückte Symbolik

Ein festlicher Kindergottesdienst wurde gefeiert. Vom Wasser der Taufe war die Rede. Das Wasser brauchen wir zum Leben, und selbst ein Blumenstrauß vertrocknet ohne Wasser. Anschaulich nahm ich einen vertrockneten Blumenstrauß, zerknüllte ihn und warf ihn in die Ecke des Altarraumes. „Der ist kaputt, weil er kein Wasser hatte. So braucht auch ihr das Wasser der Taufe, so seid ihr alle getauft worden," lautete meine katechetische Weisheit. „Ich bin aber noch nicht getauft," meldete sich laut vernehmlich ein kleiner Blondschopf zu Wort. Die Symbolik war an ihre Grenze gekommen und ich kann nur hoffen, dass das Kind keinen Schaden genommen hat.

Ein nachfolgendes Gespräch mit der Mutter hat mir dies dann bestätigt: Nochmal gut gegangen. Das Kind wurde getauft - evangelisch.

Geld regiert die Welt

Das hat jeder begriffen, wenn es auch nicht solche Auswüchse annehmen muss wie in der jüngsten Politik. Geld regiert (leider) auch in der Kirche. Haushaltspläne und Finanzaktionen sind eine wichtige Realität jeder Kirchengemeinde. Trotzdem verwunderte es mich, dass in der neuen Pfarrei alle Ministranten sofort nach Betreten der Sakristei zu einer Liste an der Wand stürzten, um dort ihre Anwesenheit mit einem Kreuz zu bescheinigen. Ich dachte, dass dies eben eine andere Art von Stechuhr sei, vor allem, wenn dann mancher nach seinem Kreuzchen wieder die Sakristei verließ. Erst später begriff ich, dass die Ministranten am Jahresende nach „Ministrierleistung" ausbezahlt wurden. Manche kamen da, je nach Zahl seiner Kreuzchen auf 60 bis 80 Mark. Mir behagte dies gar nicht und nach langem Mühen und nach Beschluss im Kirchengemeinderat wurde dies dann abgeschafft. Ich muss zugeben, jetzt sind die Ministranten und Ministrantinnen nicht mehr so fleißig, doch mir sind allemal Lausbuben (die Mädchen sind eingeschlossen) am Altar lieber als Kleinunternehmer an der Stechuhr.

Ob der liebe Gott die Preußen mag?

Diese Frage stellte sich mir öfters ganz unterschwellig. Als Pfarrer weiß ich die Antwort ganz genau, doch i be halt au en Schwob. Diese lauten Stimmen mit "dat un wat" und den vielen "spitzen Steinen", die nur "Fennige" und keinen Pfennig haben und deren Autos mit "Ferdestärken" fahren. Ob der liebe Gott sich darüber wohl im Klaren war, was und wen er da erschaffen hat? Wenigstens die Frage darf man doch stellen! Preußen sind nach schwäbischem Verständnis alle die, welche jenseits des Main wohnen und die statt "Grüß Gott" nur ein "gutten Tach" herausbringen.

Es war im Urlaub in Damp. Vor unserem Ferienhaus, da tobten Erstkommunionkinder aus Sylt, laut und kreischend. Vor allem ein Julian schien die Szene zu beherrschen.
Margret stand am Fenster und schaute und hörte zu.
Schließlich wandte sie sich ab und kam zur resignierenden Feststellung: „Einfach unbegreiflich, dass der liebe Gott schon kleine Kinder als Preußen erschaffen hat. Die können doch noch gar nichts dafür."

Am Abend feierte ich mit diesen Kindern noch die heilige Messe. Da merkte ich, dass der große Gott auch die Preußenkinder liebt. „Er hält auch dich und mich in seiner Hand" sangen und klatschten wir. „Er hält die Schwoba ond dia Preißa in seiner Hand.." Und es wurde immer fröhlicher und es war unglaublich, was und wen der liebe Gott alles in seiner Hand hält. „Ja sing mit uns und klatsch in die Hände, ja sing mit uns und klatsch in die Hände, denn Gott hat uns lieb."

Jetzt stimmte die Theologie wieder mit meinem Gefühl zusammen. Gott liebt in seiner Großmut die Preußen tatsächlich... vor allem die Kinder.

Lob oder Tadel?

Ein Preuße (siehe weiter vorne) begegnet mir nach einem Vorabendgottesdienst in Damp. „Gutten Tach, Herr Farrer!" flötet er lautstark. „Werden Sie am nächsten Sonnabend auch wieder die Predigt halten?" Verblüfft schaue ich auf und bestätige dies. „Es war ja so toll am letzten Sonnabend! Mein Pastor in Hamburg predigt ja auch sehr gut, aber Sie haben sich so hineingesteigert, dass ich gar nicht wusste, ob Sie überhaupt noch aufhören."

War das jetzt ein preußisches Lob oder ein schwäbischer Tadel?

Beim nächsten Gottesdienst habe ich darauf geachtet, dass ich auf dem Boden blieb. Doch dann kam eine Frau und fragte: „Haben alle Leute bei ihnen solch ein Temperament?"

Seither sucht Margret jedesmal, wenn ich vor dem Fernseher einschlafe, nach meinem Temperament.

Die Fragestellung

Der Kaugummi ist eine "Errungenschaft" unserer westlichen, amerikanischen Kultur und ab und zu schiebe ich auch einen Streifen zwischen die Zähne. Problematisch wird es für mich nur, wenn Schüler kauend vor mir sitzen oder wenn im Gottesdienst, bei Hochzeiten oder Taufen Kaugummi-kauende Gäste sich dem Wort Gottes aussetzen. Da kann ich nicht mehr predigen. Das Wort Gottes verheddert sich in den Zähnen der Zuhörer. Was tun? Bei Kindern und Jugendlichen kann ich leicht etwas sagen, doch bei Erwachsenen habe ich Probleme. Sicher darf man beim Kaugummi-Kauen auch beten, doch soll man beim Beten auch Kaugummi kauen?
Es kommt nicht nur auf die Fragestellung an, sondern vor allem auf die Kinderstube.

R. Thuraer

Die Freude der Erlösten

Der Sonntagsgottesdienst war zu Ende. Die Leute schauten immer noch so trübe aus der Wäsche wie vor der Messe. Wo blieb denn da die Freude der Erlösten?

Ich ging in den Mittelgang hinunter und fragte:
„Habt ihr heute schon das Halleluja gesungen?"
Erstaunt schauten die Frommen mich an. Sie hatten noch nicht.
Ich stimmte an: „Wir singen alle hallelu, hallelu, hallelu....." Und alle sangen verblüfft aber kräftig mit.
Darauf fragte ich: „Habt ihr jetzt schon das Halleluja gesungen?" Noch verblüffter nickten einige und einige Kinder sagten laut: „Ja." Ich fragte nochmals dasselbe und jetzt sagten fast alle ihr Ja. „Habt ihr heute schon das Halleluja geklatscht?" „Nein," kam die einhellige Antwort. Deshalb: „Wir klatschen alle Hallelu....." "Habt ihr jetzt schon das Halleluja geklatscht?" „Ja"," riefen alle. „Habt ihr schon das Halleluja gestampft?" „Nein," sagten sie und darauf trampelten wir auf dem Boden das Halleluja, so laut es ging. Und wieder kam die Frage, die bestätigt wurde. Aber sie hatten das Halleluja immer noch nicht gepfiffen, gewinkt und getanzt und das alles musste jetzt nachgeholt werden.
Nach diesem ziemlich turbulenten Ende der heiligen Messe gingen (fast) alle mit der Freude der Erlösten auf dem Gesicht nach Hause. Mir aber stellte sich die Frage, ob mich der Teufel oder der Heilige Geist geritten hatte.

Gefülltes Täuble

Klein und schmächtig stand sie da, die neue Gemeindereferentin, im Kreis der Pfarrer, zerbrechlich und zierlich..... und schwanger war sie auch.
„A gfüllts Täuble", kommentierte einer respektlos.
Seither ist gefülltes Federvieh im Lokal, wie Wachteln und Gänse, für mich tabu.

Rechtschreibschwäche

Eine Beerdigung ist selten fröhlich. Doch einmal blieb mir vor unterdrücktem Lachen fast das Tröstungswort im Hals stecken.
Eine alte Dame war gestorben. Die letzten Jahre hatte sie noch im Altenheim zugebracht. Und auf der Kranzschleife stand:
„LETZTER GRUSS VOM ALTERSHEIM TIM"
Noch während ich die Botschaft von der Auferstehung verkündete, rasten meine Gedanken zum Altersheim und ich suchte nach dem Tim, den ich noch gar nicht kannte und der doch so lieb an die alte Dame gedacht hatte. War es ein neuer Zivi, der für diesen Kranz sein spärliches Salär aufgewendet hatte? Doch dann: „Jesus ist auferstanden und auch wir erwarten eine fröhliche Auferstehung!" kam mir die Erleuchtung: Es war nicht TIM, der grüßte, es war das TEAM, das sich so verabschiedete. Fremdsprachen sind halt schon schwierig.

Ökumene oder Ökonomie

Beides hat etwas miteinander zu tun. Es ist sicher nicht ökonomisch, wenn man zur Ökumene immer gleich zwei ausgewachsene Pfarrer braucht, sei es für eine Hochzeit oder für Repräsentationsaufgaben. Gott sei Dank fand ich immer wieder evangelische Kollegen, die das auch so sahen und mit denen ich deshalb gut zusammenarbeiten konnte.

Als ich vor einer ökumenisch geplanten Hochzeit mal krank wurde, erbat der evangelische Pfarrer von mir sogar den katholischen Ritus und meine Predigt. Zeugen sagen, es sei eine sehr schöne katholische Hochzeit gewesen, die der evangelische Pfarrer da gehalten habe. Ökonomisch war diese ökumenische Trauung allemal. Danke, dass dies möglich war.

Schülerlyrik

Brausendes Gelächter im Lehrerzimmer.
Was war los? Lehrer haben doch heute nicht mehr viel
zu lachen!
Ein Poesiealbum, Schrecken aller Lehrer, lag auf dem
Tisch. Darin hatte ein Uli seiner lieben Elvira hineinge-
schrieben:

> Drei Rosen im Garten,
> drei Lilien im Schnee,
> die Liebe muss warten,
> die Scheide tut weh.

Lieber Uli, wart ruhig noch ein Weilchen, in der 4.
Klasse ist es auch noch ein wenig zu früh.
Oder sollen wir ihn aufklären, dass es um das Scheiden
geht, welches weh tut.

Ökumenische Inspiration

Ich saß grübelnd an einer Predigt zum Thema Ökumene. Es lief und lief nicht, ich brachte keine vernünftigen Gedanken zusammen. Da kam der Gong der Haustüre. Erleichtert stand ich auf: endlich Abwechslung. Draußen stand Simone, die kleine 5jährige Tochter meines evangelischen Kollegen. „Heut komm ich zu Dir", verkündete sie strahlend, „Papa und Mama sind gerade nicht da." Selbstverständlich durfte Simone hereinkommen, doch ich hatte im kinderlosen Haushalt ja gar nichts zu spielen für sie. „Macht nichts," erklärte sie, „ich erzähl Dir was." Und das Schlappermäulchen lief und lief, ans Predigtmachen war nicht zu denken. Was sie erzählt hat, weiß ich nicht mehr, nur dass der Uhrzeiger immer weiter in den Spätmittag hineinging. Und gerade als ich über die Vorzüge des Zölibats nachzudenken begann, kam die Erleuchtung: Ja, das ist echte Ökumene: einander besuchen, ohne großen Anlass, ohne eigens angesetzte ökumenische Gottesdienste, sondern einfach so, einen Besuch machen. Als ich Simone endlich zu Hause abliefern konnte, war die Predigt fast schon fertig. Der Besuch von Pfarrers Töchterle hat mir geholfen. Und dass Simone mich lieb hatte, zeigt das Bild in diesem Buch.

Selbstzweifel
Mann oder Nichtmann - das ist hier die Frage

Die junge Dame schüttete ihr Herz aus. Sie erzählte alles, ihren Liebeskummer und ihre Beziehungsprobleme und alles, was dazu gehört. Am Schluss stieß sie hervor: „Gott sei Dank kann man Ihnen alles sagen, sie sind ja kein Mann, sondern ein Vikar!"

So, jetzt war es klar: Ich war in den Augen dieser jungen Frau kein Mann, und ich begann leise an mir zu zweifeln.

Heilige sind anders

„Heilige abstauben", nennt man es, wenn Leute zum Beichten kommen, die viel reden, aber nichts zu sagen haben und die im Brustton der Überzeugung ihre eigene Rechtschaffenheit demonstrieren.
Lange hatte jene Frau bei mir gebraucht und eigentlich bloß gesagt, dass sie gut und die ganze Welt sonst schlecht sei. Das Ganze gipfelte in dem Versprechen, dass sie für mich beten werde und ich konnte nur noch „Danke" sagen. Schließlich kam der letzte Satz: „Ich bete ja so viel, Herr Pfarrer, und die Leute sagen, ich sei eine Heilige." Da entfuhr es mir spontan und unüberlegt: „Wissen Sie, Heilige sind anders."
Sie hat es mir nicht übelgenommen, schließlich durfte ich sie auch beerdigen, und nun hat sie beim lieben Gott Zeit und Musse, sich die Heiligen anzuschauen.

Arbeitserleichterung für den Pfarrer

Ein Hinweisplakat am Beichtstuhl aus der
Salvatorkirche in Aalen

Kein Respekt heutzutage

Bei der Kirche im Gebüsch raschelte es.
Zwei verschwitzte Bubengesichter tauchten auf.
Erleichtert gab einer von sich: „Ach Sie sind es bloß, wir haben gemeint, es sei der Mesner."
Ich sinne immer noch darüber nach:
War das jetzt ein Lob?

Der gesalbte Hausmeister

An der neuen Stelle war sehr viel Praktisches zu richten, mal musste ein Schloss ausgewechselt werden, mal eine Schraube eingedreht oder ein Nagel eingeschlagen werden.
Da ich aus einer Handwerkerfamilie stamme, machte ich das meistens selbst, denn der zuständige Mann übersah solche Kleinigkeiten.
Bald darauf hörte man im Dorf : „Jetzt haben wir einen gesalbten Hausmeister." Wohl dem, der hat.
Als ich dann mal stöhnte, dass dies alles an mir hinge, tröstete mich eine Mitarbeiterin, indem sie sagte:
„Sie sind ja selber schuld, weil sie dies alles können."

Also ist im Endeffekt mein Vater dran schuld, dass ich öfters zu Hausmeistertätigkeiten verurteilt bin.

Der Pietkong

Die Ökumene war manchmal auch schwierig, besonders wenn Recht(s)gläubige auf beiden Seiten das Sagen hatten.

Da hatte der alte evangelische Pfarrer aus Pflugfelden mit mir ausgemacht, dass ich in seiner Abwesenheit den Schulanfangsgottesdienst für alle Schüler in seiner Kirche halten solle. Das hielten pietistisch geprägte Kirchengemeinderäte für nicht tragbar und zwangen ihn, mir einen evangelischen Partner zur Seite zu stellen. Ihm war das furchtbar peinlich, doch der evangelische Aufpasser war ein Freund, der sich dann zu den Schülern in die Bank setzte und mitfeierte. Der Pietkong hatte mal wieder einen Etappensieg errungen und war doch ausgetrickst worden. Kein einziger evangelischer Schüler wurde anschließend katholisch.

So nicht......

Die Gemeindereferentin und der 2. Vorsitzende waren da. Es ging um die Gestaltung des Karfreitagsgottesdienstes durch Laien. Die Liturgie war bereits abgesprochen, dann kam die Kleiderfrage: Liturgische Gewänder - ja oder nein. Schließlich wollte der 2. Vorsitzende es genau wissen: „Ja, ziehen wir jetzt etwas an oder ziehen wir nichts an?" Spontan sagte ich: „Nichts - dann komm ich auch dazu, dann kommen auch die Nattheimer dazu!" Immer diese Fantasie.... So nicht Herr Pfarrer.....

Afrikanische Taufe

Einmal hat es mich in den Sommerferien nach Togo verschlagen. Es war ein schönes Land. Dort stieß ich auf Père Klug, einen deutschen Pfarrer, der mich auf eine Reise ins Inland mitnahm. Im Dorf Onga wurde er schon erwartet, sechs Kinder sollten getauft werden. Er bot mir an, dies zu machen. Warum auch nicht?

Doch ich verstand die Sprache der Ewe nicht und konnte auch kein Französisch, während die Ewe mein Schwäbisch nicht verstanden und auch kein Deutsch. Aber was macht das schon. Gott ist groß und vielsprachig. Das erste Kind wurde zur Taufe gebracht. „Nombre?„ fragte ich. War das jetzt französisch oder spanisch? Macht nichts. Der Kindsvater verstand mich und sagte: „Aioubrexklmmnbdo." Mir brach der Schweiß aus. „Aioubr...!" wie ging`s bloß weiter, „ich taufe dich, im Namen des Vaters und des Sohnes und des heiligen Geistes." So, das war geschafft. Das nächste Kind. „Nombre?" „Klobrxdfrogmm," so oder so ähnlich klang, was die Mutter sagte. Ich verzichtete auf den Knoten in meiner Zunge und sagte: „Egal, wie du auch heißen magst, ich taufe dich auf den Namen des Vaters und...."
Ab jetzt ging es sehr schnell und unproblematisch. Alle weiteren Kinder empfingen die Heilige Taufe mit den Worten: „Egal, wie Du auch heißen magst, ich taufe dich..." Die Afrikaner haben mich verstanden und ich denke, der große Gott, kann alle "Egal, wie du auch heißen magst" gut auseinanderhalten. Ich wenigstens traue ihm das zu. Es wurde ein fröhliches Fest und am Schluss machte ich noch ein paar Fotos, die Wochen

später auch den Weg in den togolesischen Busch fanden und Zeugnis davon ablegen, dass es den "Aioubr.." und die 5 "Egal wie du auch heißen magst" wirklich gibt. Ich hoffe, sie sind groß und stark und auch überzeugte Christen geworden.

Don Camillo und Pepone auf dem Land

„Der Blondschopf war heute nicht im Tempel", faucht mich nach der Messe die Frau Kirchenpflegerin an, „haben sie ihn mal wieder erzürnt?" Der Blondschopf ist der neue Bürgermeister und die Bezeichnung drückt ein gerütteltes Maß an Sympathie aus. Ich mag ihn auch, aber wir kommen uns wegen der Kindergärten immer wieder in die Quere und dann spritzen schon mal die Funken. Manche Leute scheinen zu beobachten, dass er dann mal wieder sonntags nicht in die Kirche kommt. Schade, dass der Blondschopf heute nicht da ist. Wir mögen ihn.

Übrigens, die Überschrift über diesen Text stammt vom Bürgermeister persönlich. Er versuchte damit unser gegenseitiges Verhältnis zu deuten.

Wie war das noch damals bei Don Camillo, wer war da meist auf der Gewinnerseite? Ich muss mal wieder Guareschi lesen.

„Herr, ich kann nichts dafür, doch manchmal muss ich zuschlagen, ich tu das doch nur zu Deiner Ehre!"
Ich hoffe, er glaubt mir.

Baptistenpfarrer

Gerade war bekanntgeworden, dass der Bischof mich zum Pfarrer in Ludwigsburg St. Johann Baptist ernannt hatte, da standen zwei oder drei Weihwasserschwalben beim Metzger zusammen und hechelten diese neue Entwicklung durch. Höhepunkt war dann der mir glaubwürdig bezeugte Ruf einer Frau: „Alles hätten wir dem Braden zugetraut, bloß nicht, dass er Baptistenpfarrer wird."

Ist er auch nicht, wie die Ludwigsburger und die Nattheimer bezeugen können.

Fehlgriff

Ich hatte eine Wut. Ich war stinksauer auf eine prominentes Mitglied der Gemeinde. Ich schimpfte vor mich hin. „Rindvieh" war noch der harmloseste Ausdruck für meine Empörung. Ein ehrenamtlicher Mitarbeiter musste sich das alles anhören. Er schien entsetzt: Ein Pfarrer, der sich so despektierlich über andere Leute äußert. Ich versuchte es wieder gutzumachen. „Er ist halt ein katholisches Rindvieh," entfuhr es mir.

Puh, auch daneben.

Nachruf

Ich war schon ein paar Jahre in Ludwigsburg, als mich wegen eines Leserbriefes im Sonntagsblatt der Brief einer mir unbekannten Frau aus Aalen erreichte. Sie rügte heftig meinen Leserbrief, den sie offensichtlich gar nicht verstanden hatte, um dann die Schlussbemerkung anzufügen: „Gott sei Dank, dass Sie hier weg sind. Jetzt haben wir endlich wieder unsere Ruhe."
Ich habe dies als Lob aufgefaßt.

Die Hitze

Es war der Tag des Heiligen Apostels Barnabas, ein schwüler, warmer Abend. Wir feierten in Oggenhausen die Abendmesse. Aus irgendeinem Grund verkündete ich fröhlich, dass wir des heiligen Bartholomäus gedenken würden. Ich erzählte alles aus dem Leben des heiligen Barnabas, nur dass ich eben steif und fest behauptete, es sei Bartholomäus, der Patron der Schäfer, den ich somit in den Stand der Apostel erhob. In allen Texten und Gebeten wurde von Barnabas gesprochen, nur ich meinte, es sei der treue Barthel aus dem Schäferspiel. Dann kam das Schlussgebet: „Herr, unser Gott, am Festtag des heiligen Apostels Barnabas.....“ Da entdeckte ich den Fehler. Ich unterbrach und sagte: „Liebe Leute, ich glaube, ich habe mich geirrt.“ Darauf ertönte es fröhlich aus der frommen Schar: „Das haben wir schon lange gemerkt, Herr Pfarrer!“ Und eine andere Stimme ergänzte verständnisvoll: „Gell Herr Pfarrer, die Hitz!“
Der heilige Barnabas möge mir verzeihen und sich an seinen Kollegen Petrus wenden: Es war die „Hitz“. Und für die „Hitz“ ist der zuständig.

Die Tröstung

Da saßen die trauernden Hinterbliebenen bei mir. Lauthals heulten sie. Ich wurde so langsam ungeduldig, denn die Verstorbene war schließlich schon hoch in den Neunzig gewesen und gekränkelt hatte sie auch. Da muss man doch wohl mal mit dem Sterben rechnen. Doch das laute Klagen wollte kein Ende nehmen. Schließlich unternahm ich den Versuch einer Tröstung und sagte auf Schwäbisch: „Hano, da war doch die Hebamm au nemme schuld." Die Tränen versiegten sofort und steif verabschiedeten sich die Trauernden. Viel zu spät begriff ich, dass das laute Heulen und Klagen bei diesem Stamm der Heimatvertriebenen die notwendige Begleiterscheinung war und ist, um auch der Umwelt die Echtheit der Trauer mitzuteilen. Lange haben sie es mir noch nachgetragen, dass ich so herzlos ihre Trauer schmälerte.

Doch die Hebamme war bestimmt nicht mehr schuldig, das steht für mich außer Frage.

Ein traditionelles deutsches Lied

Mit einer Gruppe junger Leute aus Aalen war ich in Kenia. Wir waren Gäste der "Ahero-Mission" und der umliegenden Dörfer am Viktoriasee. Es waren schöne und abenteuerliche Tage.

Schließlich kam die Stunde des Abschieds. Wir bereiteten auf der Missionsstation ein Fest für alle Gastgeber vor. Wir haben gegessen und getrunken („Oh, do you eat grass like cows?" - „Was, Ihr esst Gras wie die Kühe?" lautete die entsetzte Fragestellung von Mr. Ayoo angesichts des Salatbüffets und die Kinder der Schule tanzten, spielten und trommelten, dass es eine wahre Freude war. Schließlich kam „a traditional african song" mit Tanz und Bewegung, den wir Europäer auch mitmachten, so gut es ging. Doch dann forderten die Afrikaner uns auf „a traditional german song" zu bieten, bei dem sie mitmachen wollten. Nun war guter Rat teuer. Was ist ein traditionelles deutsches Lied, bei dem wir mehr als eine Strophe singen und das alle mittanzen konnten? Schließlich kam die rettende Idee und wir sangen „Rucki zucki, Rucki zucki... das ist der schönste Tanz." Wirklich a traditional german song, und alle konnten mitmachen.

Wenn Ihr deshalb heute einen Afrikaner trefft, der behauptet, "Rucki Zucki" sei a traditional german song, so lasst ihn in seinem Glauben, denn sonst stellte sich ja nachträglich heraus, dass "Father Klaus" damals nicht ganz die Wahrheit gesagt und getanzt hat. Liebe Freunde aus Afrika, verzeiht mir: Es war eine Notlüge.

Singe, wem Gesang gegeben

Mit dem Singen hatte ich noch nie Probleme, lautstark und kräftig war ich in der Schule und als Student. Nur der Versuch, mich in einen Chor zu integrieren, war immer zum Scheitern verurteilt, weil die Noten sich nie so fügten, wie ich es wollte. Mein erster öffentlicher Versuch, in der Johanneskirche in Tübingen das Evangelium zu singen, endete ziemlich chaotisch, da ich mit der Stimme immer höher stieg und nicht mehr auf die normale Tonlage zurückfand. Aber es war Pfingsten. Vielleicht haben es die frommen Hörer unter "Zungenreden" wie in der Apostelgeschichte eingeordnet. Von da an habe ich mich um das liturgische Singen herumgedrückt, besonders, wenn ich bemerken musste, dass auch die Präfation einmal ein Ende haben sollte und ich sie nicht jedesmal fantasievoll verlängern konnte, um den Abschwung zum "Heilig, heilig.." zu finden. Als ich in Dewangen dann neun Monate lang Pfarrverweser machen musste, lernte sogar ich die Lieder kräftig anzustimmen, denn der altersschwachen Orgel ging öfters die Puste aus.

Bis an den Rand der Weißglut brachten mich allerdings wohlmeinende Freunde, die mich auf so unnötige Kleinigkeiten wie Viertel- und Achtelnoten aufmerksam machten. Ich war froh, wenn die Melodie halbwegs stimmte.

Allerdings habe ich auf diesem Weg auch manches Lied mit der Gemeinde falsch eingeübt, und dies brachte nicht mal mehr die Orgel in Ordnung.

Unvergesslich ist mir ein Gottesdienst im Kreis-krankenhaus Aalen, als ich aus Leibeskräften „Maria breit den Mantel aus" anstimmte, allerdings auf die Melodie von „Maria Maienkönigin." Alle haben kräftig mitgesungen und die Melodie hat sogar von der Länge her ausgereicht. Ich weiß nicht, ob das viele gemerkt haben.

Schlagfertigkeit oder "die Pfingstgnade"

Willi war einer unserer Lektoren. Mehr breit als lang war er gebaut, ein liebenswerter Typ. An Pfingsten sollte er die Lesung aus der Apostelgeschichte vortragen. Diese Lesung ist weit und breit gefürchtet wegen der schwierigen Namen, die sich zu richtigen Stolpersteinen für jeden Lektor auftürmen.

„Wieso kann sie jeder von uns in unserer Muttersprache hören?", las Willi ganz korrekt vor, doch dann kam es: „Wir Parther, Meder und Elamiter," so, das war geschafft: „wir Bewohner von Mesopotamien, Judäa und Kappadozien, von Pontus und Asien"- Achtung, jetzt wird es schwierig - „von Phrygien und Pam ... Pamph..," sein Blick huschte über die nächsten Zeilen und sichtbar brach ihm der Schweiß aus. Nach einem nochmaligen „Pampf" sagte er spontan und schlagfertig: „und alle Bewohner der umliegenden Ortschaften hören Gottes große Taten verkünden." Fast hätte es Beifall gegeben, die Lesung war gerettet und all die schwierigen Namen waren in den umliegenden Ortschaften versteckt und aufgehoben. Der Heilige Geist konnte jetzt mit dem „Veni creator spiritus" feierlich besungen werden. Wenn das nicht das Wirken des Heiligen Geistes war.....!?

Lieber Willi, Schutzpatron aller Lektoren, ich erzähle diese Geschichte immer wieder und empfehle sie zur Nachahmung, falls jemand bei „Pamphylien" auch stolpern sollte. Doch Du hast ein waches Auge vom Himmel her - Danke.

Du sollst keine fremden Götter neben mir haben

Bei einem Gespräch mit Firmlingen kamen wir auf das Taufversprechen mit seinen Konsequenzen zu sprechen. „Die Gottesdienstzeiten sind unmöglich!" musste ich mir sagen lassen. Am Vorabend geht es nicht, weil der Sportverein bzw. die Sportsendung ruft und am Sonntag um 10:30 Uhr geht es nicht, weil der Hund ein Anrecht hat, dass er zum „Bamba" ausgeführt wird. Bei diesem Sch... blieben mir die Worte im Hals stecken. Und dann kamen die Argumente: „Der Hund ist wichtiger als die Sache mit dem Jesus, denn der Hund braucht schließlich den Menschen, während Jesus ohne die Menschen auskommt."

Ich konnte nichts mehr sagen. Zur Firmung des Hundeliebhabers hat trotzdem die Kasse geklingelt. Oder hätte ich ihn fortschicken sollen? Ich habe ein schlechtes Gewissen. War ich zu feig für die richtigen Konsequenzen?

Ach wenn es doch nicht die Kirche wäre....

Die Firmung war vorüber und ein Schlüsselmäppchen mit Haustürschlüsseln und einem Geldbetrag war zurückgelassen worden. Niemand schien sich dafür zu interessieren. Schließlich erfolgte ein Aufruf im Gemeindeblatt. Eine Frau meldete sich am Freitagabend, es war die Mutter eines Firmlings. Sie beschrieb den Schlüsselbund und schien offensichtlich die rechtmäßige Eigentümerin zu sein. Die Familie wohnte nur 50 Meter vom Eingang der Filialkirche entfernt. Ich bot ihr an, den Schlüsselbund zum sonntäglichen Gottesdienst mitzunehmen, es müsste ihn nur jemand abholen. Verlegenes Stöhnen: „Es geht nicht, ich bin krank." Ja, da hat man schließlich Verständnis, ob dann nicht der soeben Gefirmte oder sonst ein Familienmitglied...... „Ja, wir leiden gerade alle. Doch ich hol den Schlüssel dann am Montag im Pfarramt ab." „Auch wenn Sie krank sind?" war meine mitfühlende Frage. „Das macht nichts!" sagte die mutige Frau, obwohl die einfache Entfernung von Wohnung und Pfarramt immerhin 8 000 Meter (8 km) beträgt und nicht bloß 50 Meter. Ich denke, da hat der Heilige Geist noch allerhand zu wirken. 8 km sind eben montags leichter im Auto zurückzulegen, als sonntags 50 Meter zum Gottesdienst zu gehen. Was hat jene Mutter wohl bei der Taufe versprochen? Welches Vorbild nimmt der Neugefirmte mit in sein Leben?

Schülersolidarität

Ich bin noch nie gern zur Schule gegangen, weder als Schüler noch als Religionslehrer. Trotzdem habe ich in der ersten Vikarszeit bis zu 18 Stunden wöchentlich Unterricht gehalten, quer durch alle Schularten.

Als ich dann das Pfarrexamen machte, sollte dazu auch ein Unterrichtsbesuch des Schuldekans stattfinden.

Ich wählte dazu eine 12. Klasse am Gymnasium aus, welche noch nie durch besonderen Fleiß, aber vor allem noch nie durch Störungen aufgefallen war. Ich hegte die berechtigte Hoffnung, dass der nebenberufliche Schuldekan weder Erfahrungen mit einer 12. Klasse noch mit dem Thema "Wundergeschichten im Neuen Testament" hatte. Die Stunde lief großartig, die Schüler arbeiteten mit wie noch nie.

In der nächsten Stunde bot sich das übliche Bild. Verschlafen hockten sie da und machten nicht „Muh" und nicht „Mäh"; ich war wieder Alleinunterhalter. Schließlich platzte mir der Kragen und ich rief: „Warum macht ihr nicht mit, ihr habt doch gezeigt, dass ihr es könnt!" Einer äußerte dann: „Wir wollten bloß nicht, dass Sie reinfallen!" Da konnte ich auch nichts mehr sagen und ich war dem verschlafenen Haufen dankbar und blieb eben weiter Alleinunterhalter im Klassenzimmer. Oft noch habe ich von dieser "lieben" Klasse geträumt, wenn mir die anderen auf der Nase herumtanzten.

Rosenkranz

Ich gebe es zu: Ich bete nur ganz selten den Rosenkranz. Ich habe viele Versuche gemacht, doch ihn nicht als Gebetsform für mich übernehmen können.

Allerdings habe ich dafür gesorgt, dass vor den Abendgottesdiensten in Oggenhausen und Nattheim der Rosenkranz gebetet wird, weil er eine Form ist, die für viele Menschen geeignet ist.

Da geschah in einer Woche in zwei Sakristeien dasselbe. Ich bereitete mich auf die Abendmesse vor, ein kleiner Ministrant kam herein, das eintönige Gemurmel des Rosenkranzes drang durch die Sakristeitür. Der jeweilige Ministrant hörte sich das eine Weile an und fragte dann in jeder Sakristei mit den gleichen Worten: „Was schwätzet die dort draußen immer?" Jedesmal ergriff ich das als pädagogische Chance, um den Rosenkranz zu erklären und jedesmal lautete die Antwort: „Das mache ich aber nicht!"
Was soll ich dazu sagen? - Siehe oben!

Wochen später sagte der kleine Stefan: „Sind da Hummeln in der Kirche? Da summt es so."
Ich sagte nichts.

Die Ölung

Der Mann stand plötzlich an der Pfarrhaustür und überreichte mir ein Kuvert mit den Worten: „Das ist für Sie!" Auf meinen erstaunten Blick hin sagte er: „Sie haben doch letzte Woche meine Frau geölt!" Ganz dunkel erinnerte ich mich daran, dass ich vor wenigen Tagen zu einer Krankensalbung geholt worden war. Doch ich hätte den Mann nicht mehr erkannt.
Auf jeden Fall war er glücklich darüber, dass seine Frau die Krankheit überstanden hatte. Oder hat die Ölung bewirkt, dass das "Räderwerk" seiner Ehe jetzt ohne Quietschen abläuft? Auf jeden Fall: Dankeschön. Die Kirche kann Geld immer brauchen.

Das Geschäft

Wieder mal läutete die Haustürglocke zur Essenszeit. Wieder mal stand ein "Straßenschlamper" vor der Tür und verlangte den "Herrn Farrer" zu sprechen. Wieder mal dachte ich: Wo bleiben denn bloß die schwäbischen Bettler?

Wieder mal musste ich mir eine lange Story anhören, warum er gerade hier war und warum er gerade von mir Geld wollte. Wieder mal schien die Geschichte von Anfang bis zum Ende erlogen und ich wurde so langsam ungeduldig, auch weil meine Suppe kalt werden würde. Schließlich (wieder mal) platzte mir der Kragen und ich herrschte den Bettler an: „Mensch, lüg mich doch nicht so an!" Da kam die beste Antwort meiner Haustürgeschichten: „Aber Herr Farrer (immer noch ohne P!), etwas **muss** ich ihnen doch erzählen!" Die Betonung lag eindeutig auf dem "muss." Jetzt endlich begriff ich zum ersten mal, was da jedes Mal an der Haustüre geschieht: Ein Märchenerzähler bringt seine "Dienstleistung" und ich habe dafür zu bezahlen. Fünf Mark war mir die Erkenntnis wert und ich habe seither mehr Verständnis für meine Märchenerzähler. Deshalb bezahle ich für gute Geschichten wesentlich mehr als für schlechte - wenn ich Geduld und Zeit zum Zuhören habe.

Der Höhepunkt des Tages

Ein drängender abendlicher Telefonanruf: Frau D. geht es sehr schlecht. Der Pfarrer soll dringend kommen.
Ich packte alles für den Versehgang zusammen und warf noch einen Blick in die Kartei. Herr und Frau D. hatten heute den 65. Hochzeitstag. „Auch das noch, am Hochzeitstag sterben müssen," schoss es mir durch den Kopf, „oder ist das eine Gnade des lieben Gottes?"

Ich hielt vor dem Haus und suchte mir mit der Taschenlampe den Weg. Nach dem Läuten öffnete sich die Tür und eine betagte, quirlige Dame warf sich mir an den Hals: „Ist das schön, dass Sie kommen," sprudelte es aus ihr heraus. Ich war etwas irritiert und fragte nach ihrem Gesundheitszustand. „O, mir geht es sehr schlecht, ich bin nämlich 88 Jahre alt!" Die "sterbenskranke" Dame führte mich ins Wohnzimmer und so langsam kam die Wahrheit ans Licht.

Es war ein schöner Tag gewesen, Verwandte und Freunde waren gekommen und nachdem sie gegangen waren, überlegte die Jubilarin, wie sie diesem Tag noch die Krönung aufsetzen könnte. „Der Pfarrer muss her," war die Parole! Der Pfarrer kam dann ja auch und bildete ungewollt den Höhepunkt des Hochzeitstages. Hoffentlich macht das nicht Schule.

Verräterische Gymnastik

Es war bei lernbehinderten Kindern. Wir übten das Kreuzzeichen. Schön, deutlich und groß sollte es sein, es sollte nicht mit Fliegen-Verscheuchen verwechselt werden. "Oben, unten, links und rechts" Wir übten, bis alle es fertigbrachten. "Oben, unten, links und rechts.... So könnt Ihr es ja auch zu Hause machen!"

Kurz vor der Zeugnisausgabe rief mich eine Mutter an und fragte, was der Unfug mit dem "Oben, unten, links und rechts" sei. Geduldig erklärte ich der Frau, dass wir damit das Kreuzzeichen übten. Empört entgegnete sie: „Ja, das geht aber nicht. Wir sind doch evangelisch!"

Da hatte ich also einem evangelischen Kind das Kreuzzeichen beigebracht und weder Schule (woher auch?) noch Elternhaus (?) hatten es ein Jahr lang gemerkt. Erst das Kreuzzeichen mit "oben, unten, links und rechts" hatte es an den Tag gebracht. Martin Luther wird mir für diese Übung einstmals himmlischen Dank sagen.

Alte Hütten brennen lichterloh

Unser Regens im Priesterseminar hatte nicht recht. Eindringlich hatte er uns vor den jungen Mädchen gewarnt und vor dem "coitus carnalis" und seinen Folgen. Dies alles gefährde unser Priestertum. Stimmt gar nicht! Die Gefährdung geht von alten Frauen aus, die plötzlich Mutter- und andere Gefühle für den jungen Priester entdecken und die dazuhin noch mit den Geldscheinen winken. Ein kleines Wort des Danks bei der Krankenkommunion oder ein Lob auf die geschmackvolle Einrichtung und schon war es geschehen. Ich wurde zum Leib- und Seelensorger erkoren und laufend mit Wehwehchen und mit der Spendung der verschiedenen Sakramente beschäftigt. Natürlich war auch an das Vererben gedacht, die Pfarrei könnte es ja so gut brauchen. Ganz unschuldig kam die Bemerkung daher - und wer wagt dann noch, die überzogenen Ansprüche zurückzuweisen. Man kann doch die alte Dame nicht verletzen. Telefonanrufe zu jeder Nachtzeit. Mir blieb nur noch die Flucht und das diskrete Herbeirufen anderer Weiblichkeiten (Margret sei Dank! Einmal rettete sie mich, als eine 80 jährige schon die Bluse aufknöpfte), um dieser Umzingelung zu entkommen. Nicht nur einmal ist mir das passiert.

Unser Regens hatte nicht recht, wohl aber das alte Sprichwort von den alten Hütten, die lichterloh brennen.

Schnuckiputz will heiraten

Schnuckiputz, ich liebe Dich so. Die ganze Welt ist rosarot. Ich werde Dich auf Händen tragen. Ich schenke Dir den Himmel auf Erden. Ich freue mich auf unsere Hochzeit.

Dein Bärli.

So oder ähnlich lautete die Anzeige in der Tageszeitung, die gleich meine Aufmerksamkeit erweckte. Am gleichen Abend kamen Schnuckiputz und Bärli zu mir, um die Hochzeit zu bestellen und zu besprechen. Leider war Bärli schon mal verheiratet gewesen und dann geschieden worden. Sollte deshalb nichts daraus werden? Schnuckiputz weinte, denn die Hochzeit war ja schon fest ausgemacht, die Gastwirtschaft bestellt, die Gäste eingeladen, auch die (evangelische!) Kirche war schon reserviert. Bloß der katholische Pfarrer fehlte noch und ich war auserkoren, weil Schnuckiputz in meiner Pfarrei lebte. Was tun?
„Aber sie können uns doch den Segen Gottes nicht verweigern? Wir können doch für unsere Liebe beten!" Das zog und die evangelische Kirche bot den Ausweg.

„Wir beten miteinander und bitten um den Segen Gottes, eine Eheschließung im üblichen Sinn ist es aber nicht, doch Beten muss erlaubt sein." So oder ähnlich sprach ich, und dann schritten wir zur Tat. Es war eine schöne Feier und die (Freuden-)Tränen flossen reichlich. Schnuckiputz war süß in ihrem Tüllkleidchen, und sie schien glücklich, wie auch ihr Bärli. Da es in gemeinsamer Absprache keine kirchliche Eheschließung war, wurde diese Feier auch nirgends in den Büchern geführt, denn das wäre doch der Gipfel kirchlicher Bürokratie, wenn wir jedes fürbittende Gebet in Büchern notieren müssten.

Jahre später war große Aufregung am kirchlichen Ehegericht in Rottenburg, denn Schnuckiputz hatte von ihrem Bärli genug gehabt, vielleicht war die Liebe doch nicht groß genug gewesen. Jetzt hatte sie sich scheiden lassen und begehrte danach eine kirchliche Eheschließung. Zuvor aber sollte das Ehegericht die Ehe mit Bärli annullieren. Doch nirgends fand sich eine kirchliche Heiratsurkunde. Alle möglichen und unmöglichen Pfarrämter wurden brieflich und telefonisch abgeklappert. Das Ehegericht konnte nicht tätig werden, Schnuckiputz war ja ledig, konnte kirchlich heiraten, und ich kann bloß hoffen, dass sie jetzt den Richtigen gefunden hat und glücklich wird.

Warum das Ehegericht mich nicht persönlich gefragt hat, denn Schnuckiputz hat dort ja meinen Namen genannt, bleibt wohl ein Geheimnis. Wollte das Gericht sich mit mir nicht auseinandersetzen?

Auf die Farbe kommt es an

Das Leben eines Pfarrers ist vielfarbig und fassetten-
reich. Von der Taufvorbereitung geht es zur Trauer-
familie oder auch umgekehrt. Und immer spielen Farben
eine Rolle, weiß bei der Taufe und Hochzeit, schwarz
und violett bei der Beerdigung.

Beim Gespräch über die Beerdigung lade ich immer zu
einem gemeinsamen Gottesdienst ein und verspreche,
für den Verstorbenen zu beten. „Was kostet es?" „Es
kostet nichts!" Spürbar unglücklich werde ich gefragt:
„Ja, ist das jetzt ein Requiem oder bloß eine Messe?
Wissen Sie, eine Schwarze Messe sollte es schon sein!"
Ich bringe es nicht fertig, hier über Theologie oder
Aberglauben zu sprechen. Seither ziehe ich immer eine
schwarze Stola an - wenn es an der Farbe liegt.

Kosten tut das auch nichts.

Volle Hosen
oder vom Mut, Farbe zu bekennen

Eine Institution hatte ihr Gebäude renoviert. Der Chef fragte an, ob ich dem Bau und den Menschen den Segen spenden würde. Ich sagte zu und gab an, dass ich mit dem evangelischen Kollegen gemeinsam kommen und auch ein Lied singen lassen würde, damit alle Anwesenden um den Segen Gottes bitten könnten, denn ich wollte nicht als "Medizinmann" auftreten. So weit, so gut.

Wenige Stunden vor dem Ereignis rief ein weiterer Chef jener Institution an und gab zu bedenken, dass dieses Singen unüblich sei und einen zu starken Schwerpunkt schaffen würde. Außerdem habe er schon herumgehört und erfahren, dass die Handwerker nicht singen wollten. Es sei ja nur eine Renovierung und kein neues Gebäude. Er hatte offensichtlich die Hosen voll, dass er sich als Christ outen könnte, so nach dem Motto: Was sagen die Kollegen dazu, wenn bei uns der liebe Gott eine Rolle spielt?
Ich blieb stur und sagte, das solle er mir überlassen, wenn er mich als Pfarrer schon dazu brauche.
Wenn es nicht so kurz vor dem Ereignis gewesen wäre, hätte ich meine Teilnahme abgesagt, doch so sangen wir alle kräftig "Lobet den Herren" - als Schwaben natürlich nur die erste Strophe - und jener Bedenkenträger bedankte sich extra noch bei mir.
Manchmal lohnt es sich schon, stur zu sein.

Das 8. Sakrament
oder die Möglichkeiten kirchlicher Bürokratie

Jedes Jahr erwacht das pastorale Perpetuum Mobile zu neuem Leben. Es ist Erstkommunionzeit. Als ob es da nicht genügend Papier- und anderen Krieg gäbe, schickt mir ein Kollege eine „Bestätigung zum Sakrament der Erstkommunion" mit der Bitte, dies ins Taufbuch einzutragen. Ich beginne zu zählen: Taufe, Buße, Eucharistie, Firmung usw. Ich komme immer nur auf 7 Sakramente und auch die theologischen Handbücher geben nicht mehr her. Die Kirche hat 7 Sakramente, daran ist nicht zu rütteln. Wie kommt der bloß auf das Sakrament der Erstkommunion? Ach ja, der Computer macht es möglich. Jetzt kann man ja alles so bequem weitermelden und in den Taufbüchern vermerken. Dort soll ja alles vermerkt werden, was für den Christen einmalig und nicht wiederholbar ist, wie Firmung, Eheschließung und Priesterweihe. Kann auch die Kommunion nicht mehr wiederholt werden? Ist der Kollege vielleicht auf dem neuesten theologischen Trip und weiß, dass nach der Erstkommunion alles aus ist? Ja, dann müsste man das noch schnell eintragen! Ich aber werfe die "Bestätigung" in den Papierkorb und warte auf die Meldung von der 100. Kommunion des betreffenden kleinen Menschen. Wenn diese Meldung kommt, trage ich sie gerne ins Taufbuch ein, dies wäre immerhin ein Zeichen dafür, dass nicht alles umsonst war. Doch zum 8. Sakrament wird die Erstkommunion damit immer noch nicht.

Man wird halt älter

Mit Schmunzeln erinnerte ich mich daran, dass mein alter Pfarrer sich während der Messe mal umdrehte und mich fragte: "Klaus, habe ich schon gewandelt?" Bei all dem Lateinischen wusste er nicht mehr, wo er im Kanon stand und deshalb die Frage: Habe ich schon gewandelt? Den Hostien sieht man es schließlich nicht an.

Neulich feierten wir die Sonntagsmesse und ich wünschte allen den Frieden. Doch irgend etwas stimmte nicht. Die Feiernden knieten alle noch, mussten sich erst erheben um einander den Frieden zu wünschen. Nahtlos war ich vom Einsetzungsbericht zum Friedensgruß gelangt, ohne Vater unser, weil ich bei einem ähnlichen Text nach der Wandlung sofort in den Text zum Friedensgruß "geraten" war. Schmunzelnd nahm die Gemeinde zur Kenntnis, dass es nicht Sparmaßnahmen waren, sondern ein Blackout des Pfarrers. "Gell, man wird halt älter!" tröstete mich darauf eine alte Dame. Natürlich! Es liegt also nicht bloß am Lateinischen, wie ich früher meinte.

Freudsche Fehlleistung

Josef war nicht besonders helle, doch heiraten konnte und wollte er. Seine Braut glich ihm und war einverstanden. Dass er kaum lesen konnte, merkte ich erst später. Bei der Hochzeit hielt ich ihm das Trauversprechen unter die Nase:."Ich will dich lieben und achten, bis der Tod uns scheidet!"
Lautstark flötete er ins Mikrofon: "Ich will Liebe machen, bis der Tod uns scheidet!" Er konnte das Versprechen leider nicht einhalten, denn nach ein paarmal "Liebe machen" ging sie auf und davon.

Vater werden ist nicht schwer

Die Gäste drängelten vor der Kirche, der Hochzeitszug begann sich zu formieren. Wie üblich begrüßte ich Brautpaar und Gäste und bat sie alle, kräftig mitzusingen. Der Bräutigam gab mir noch schnell das Stammbuch für die Eintragung und ich sagte: „Holen sie es bitte bald wieder ab und warten sie nicht bis zur ersten Taufe!" Darauf schmetterte er fröhlich in die Runde: „Dann können sie es gleich behalten!" Die Braut errötete, die Brautmutter lächelte gequält und der werdende Vater erhielt einen Knuff vom Trauzeugen, doch er meinte, der Knuff sei von der Braut und deshalb klagte er: „Schon jetzt geht es mir so. Soll ich überhaupt heiraten?" Noch bevor ich eine Antwort geben konnte, sagte die Braut fröhlich: „Der muss!" Und dabei blieb es. Auf die Taufe brauchten wir dann auch gar nicht lange zu warten.

Hochzeit oder höchste Zeit

Die Braut war hübsch (wie immer!) und er war aufgeregt (wie fast immer!), schließlich wollte er heiraten und war doch schon sichtbar Vater geworden. Sie hatten halt mal nicht aufgepasst. Der jungen Liebe sei es verziehen.
Beim Ringtausch sollte er sagen: „Trag diesen Ring als Zeichen meiner Treue."
Da blickte er ihr ganz tief in die Augen und sagte lautstark ins Mikrofon: „Im Namen des Vater und des Sohnes und des Heiligen Geistes", - eine lange Pause folgte, - „trag diesen Sohn als Zeichen meiner Treue."

Es war und wurde ein fröhliche Hochzeit und der Sohn war schließlich eine Tochter. Doch auch sie war Zeichen seiner Treue. Später setzte er noch mehr solche Zeichen, auch ein Sohn war darunter.

Das Nihil Obstat

Ein Brautpaar kam und wollte heiraten. Er war früher mal standesamtlich verheiratet gewesen und wieder geschieden. Die Braut war schwanger, alles stand schon fest und sie schienen auch mit dem älteren Kollegen in der Nachbarschaft alles vorbesprochen zu haben. Dort sollte die Hochzeit sein und er wollte die Trauung vornehmen. Für mich bestand kein kirchenrechtliches Problem und der Kollege schien ebenso zu denken. Ich stellte die notwendigen Papiere aus und der Vorabend der kirchlichen Trauung kam. Alles weitere erzählte mir dann Margret.

In meiner Abwesenheit rief der Kollege an und verlangte das "Nihil obstat" für die Hochzeit. Margret wusste natürlich nicht, was dies sei und erkundigte sich mitfühlend, um was es da gehe. „Ohne das Nihil obstat vom Bischof muss die Trauung ausfallen!" hieß es dann schlussendlich. Vergebens war der Hinweis, dass doch alles schon vorbereitet sei und dass man am Tag vorher die Hochzeit nicht absagen könne. Auch der Hinweis auf die menschliche Enttäuschung zog nicht. Ganz spontan sagte Margret darauf: „Aber Sie wissen doch, Herr Pfarrer, dass die Braut schwanger ist, und Sie wollen doch nicht, dass das Kind unehelich zur Welt kommt?" Dieses Argument zog: „Ja, wenn das so ist, dann werde ich die zwei selbstverständlich trauen." Die Sorge, am unehelichen Kind "schuld" zu sein, überwog alle kirchenrechtlichen Bedenken. Ich hätte bei ihm sicher auf Granit gebissen, denn dieses Argument wäre mir nicht eingefallen. Das war weibliche Intuition.

Ich weiß dafür jetzt, was das Nihil obstat ist.

Messe oder was?

Nicht jede Hochzeit ist für mich eine reine Freude. Vor allem, wenn die kirchliche Trauung offensichtlich mit Gott nichts mehr zu tun hat, sondern allein der Verschönerung des Tages dient. Wie kann ich auch mit jemand die Messe feiern, der seit vielen Jahren keine Verbindung zum Gottesdienst mehr hatte und nicht weiß, was Kommunion ist.

„Wie lange dauert eine Messe?" lautet dann eine verräterische Fragestellung, „Denn wir haben den Kaffee schon bestellt." Da ich in einem kurzen Gespräch kaum verständlich machen kann, welche Bedeutung das Abendmahl Jesu für mich hat, frage ich dann meistens: „Sollen wir eine schöne Trauung machen oder wollt ihr eine Messe?" Alle, die ich so fragte, wollten eine schöne Trauung. Sie bekamen ihre schöne Hochzeit und ich kam um die Verlegenheit herum, mit einem Publikum die Messe zu feiern, das nicht mehr feiern kann oder will.

Die verhinderte Blitzhochzeit

Das Telefon läutete am Montag. Schon wieder.... Ich nahm den Hörer ab. „Bin ich mit dem Pfarramt verbunden?" flötete eine selbstbewusste männliche Stimme. Ich bestätigte und fragte nach dem Begehren. „Es ist so," sagte die Stimme plötzlich nicht mehr so selbstbewusst, „wir wollen am Samstag heiraten!" Es ist der Samstag am Ende derselben Woche. Ich gratulierte ihm zu diesem Entschluss und fragte scherzhaft, ob die Braut es auch schon wisse. „Die schickt mich doch," meint der junge Mann und schwieg sich aus. „Also gut," sage ich, „ich wünsche Ihnen eine schöne Feier." Schweigen... Ich bin schon richtig gemein an meinem freien Tag. „Aber Sie sollen uns doch trauen!" platzt es aus ihm heraus, „und dann," das war sicher der Höhepunkt des Gesprächs, „müssen Sie noch einen evangelischen Pfarrer besorgen, denn wir wollen ökonomisch heiraten." Geduldig erkläre ich der Stimme, dass man zum Heiraten und zur Vorbereitung schon ein wenig Zeit sich nehmen müsse und dass ich am gewünschten Samstag schon vergeben sei und dass ich einen evangelischen Pfarrer weder besorgen könne noch wolle, außerdem sei es wenig ökonomisch, wenn man plötzlich zwei ausgewachsene Pfarrer für eine Hochzeit brauche.

„Dann eben nicht," sagte die Stimme und ich glaubte Erleichterung zu verspüren. Das Gespräch wurde unterbrochen. Ich weiß nicht, wer es war und ich weiß nicht, was daraus geworden ist. Vielleicht haben beide Brautleute doch gespürt, dass die Kirche kein Ersatz für Gretna Green ist.

Das tut weh

Die religiöse Ignoranz vieler getaufter Menschen tut weh.
Es war kurz vor Ostern. Da sprach mich ein
unbekannter Mann im Großmarkt an: "Sie sind doch
der Pfarrer?" Dies musste ich wohl bejahen. "Also," fing
der Unbekannte an, "da gab es doch früher so Etwas!"
Er machte mit Daumen und Zeigefinger einen Kreis und
deutete vermutlich eine Hostie an, "mein Kind hat das
'runde Ding' noch nicht bekommen." Ich lud ihn ein, am
Sonntag zur Messe zu kommen, damit wir das bereden
könnten. Er kam nicht, und das Kind erhielt bis heute
nicht das runde Ding.

Oder: ein mitgehörtes Gespräch während der
Kommunion. Er zu Ihr: „Was hast Du da vorne gemacht?" "Ich habe mir so ein Ding geholt." Sie zeigte ihm
die Hostie. "Was muss man da machen?" „Die Hand
aufhalten und 'Amen' sagen," war die Auskunft. „Dann
hol ich mir auch eins!"

Oder: bei einem Sterbefall. Ich erklärte, dass ich keinen
Nachruf halten, sondern vom Glauben an das Leben
reden würde. Da kam die Antwort: "Das wäre Vater aber
gar nicht recht, dass sie so fromm daherschwätzen." Ich
konnte nur noch sagen: "Dann dürft Ihr zu dem
Geschäft keinen Pfarrer holen."
Es tut manchmal schon weh, wenn der Herr Jesus auf
"ein rundes Ding" und der Pfarrer auf einen
Serviceunternehmer reduziert wird.

Alarm im Himmel

Karl war plötzlich gestorben und das ganze Dorf versammelte sich zum Trauergottesdienst. Auch der junge, etwas lang geratene Bernd musste wohl oder übel seinem Nachbarn die letzte Ehre erweisen und setzte sich direkt unter die Kanzel, wo er auch etwas Deckung gegen den Altar hatte. Alle beteten und sangen kräftig mit, bis zum Schlussgebet. Ich breitete die Hände aus und sagte: „Lasset uns beten!" Einem alten katholischen Reflex folgend sprangen alle von ihren Sitzen auf, auch Bernd.

Doch er hatte seine Körperlänge und die Höhe der Kanzelunterkante schlecht berechnet und schlug mit dem Kopf gegen eine vergoldete Putte, die in Stücken abbrach und mit lautem Getöse die Alarmanlage anspringen ließ. Eine Ewigkeit schien es zu dauern, bis ich unter meinem Messgewand den richtigen Schlüssel für die Alarmanlage finden konnte. Ununterbrochen aber dröhnte der Alarm durch die vollbesetzte Kirche und über das trauernde Dorf.

„Alarm im Himmel, der Karle kommt!", versuchte ich die Situation zu deuten, ohne die Doppelbödigkeit der Aussage zu bemerken. Doch die Angehörigen schienen es auch nicht zu merken und wir alle sind der Überzeugung, dass der Karle ohne Alarm im Himmel angekommen ist. Bernd aber hat sich seither nicht mehr in der Kirche sehen lassen und wartet auf die nächste Beerdigung, die er sicher nicht mehr unter der Kanzel mitfeiern wird.

Papa Renz

Eines Tage kam ein Anruf aus Rottenburg: „Herr Vikar, wir brauchen jemand, der mit einem alten Mann umgehen kann." Ohne Bedenken sagte ich zu, denn gerade gab es mal wieder Streit mit meinem ersten Chef wegen einer Predigt über den Erzengel Michael.

Ich kam nach Aalen, Salvator, zum alten Stadtpfarrer Renz. Mit mir kam Hans Nagel. Wir waren die 27. und 28. Vikare, die Papa Renz zwischen 1945 und 1968 "aushalten" musste. Welche menschliche Größe das forderte, das merkte ich erst später. Es war eine schöne Zeit mit dem alten Renz und seiner Schwester. Wir haben viel gelacht und diskutiert und wir begriffen nicht, warum andere Vikare sich bei ihm nicht wohlgefühlt hatten. Nur zweimal hatte ich einen Konflikt mit ihm: In einer Friedenspredigt erwähnte ich die Kriegspredigten während der Weltkriege. Das verstand er nicht, da er immer ein überzeugter Nazi- und Kriegsgegner war. Das andere Mal war, als ich mit der Jugend ein Faschingsmotto kreierte, das hieß: In der Hölle und Nebenan. Auf dem Plakat war ein herrlich fröhlicher Teufel zu sehen, der gerade aus dem Feuer sprang. Warum ihn dieses Plakat störte, war nicht recht ausfindig zu machen. Wir haben dann das Plakat ohne Motto gedruckt. Bei Papa Renz habe ich dann auch gelernt, mit Kindern Gottesdienste zu feiern, denn vorher hatte ich für das "Kroppzeug" nicht viel übrig: Ich war schließlich wissenschaftlich gebildeter Theologe. Ich habe ihm viel zu verdanken und blicke mit Dankbarkeit auf ihn zurück.

Tante Mathilde und die Hot Pants

Mathilde war ihr Name. Sie war eine betagte pensionierte Volksschullehrerin. Geistig fit und beweglich interessierte sie sich für alles, was in der Kirche los war. Eines Tages brachte sie mir aus der „Neuen Bildpost" einen Artikel und fragte: „Dürfen Pfarrer so blöd sein?" Irgendein Dechant mokierte sich furchtbar darüber, dass zwei Mädchen in Hot Pants bei der Fußwaschung des Papstes waren. Ich setzte mich hin und schrieb einen Leserbrief, in welchem ich darauf hinwies, dass nicht die Kleidungsstücke das Problem seien, sondern die Fantasie der Moralapostel.
Jetzt war der Teufel los. Die ersten Entgegnungen kamen aus Österreich, dann aus Korea und Brasilien, dann war die nähere Heimat dran. Es war unglaublich, welches Aggressionspotential sich da aufgestaut hatte, um endlich mal einem leibhaftigen Pfarrer den Marsch zu blasen, der in den Hot Pants nicht den Teufel entdecken konnte. Ich solle doch endlich aus der Kirche austreten, meine Sexmessen bei den Evangelischen(!) halten usw. Höhepunkt kirchlicher Verklemmung war dann der fromme Wunsch eines Mannes, alle Mädchen, welche Hot Pants tragen, sollten vergewaltigt werden. Sogar die „Münchner Abendzeitung" brachte einen "Exclusivbericht" ihres Korrespondenten mit dem Titel: "Pfarrer B. hat Schwierigkeiten wegen Hot Pants." Hatte ich nicht zurecht geschrieben, dass die Fantasie der Menschen problematischer ist als die Größe eines Kleidungsstückes?

Übrigens: Tante Mathilde, wie wir sie jetzt liebevoll nennen, hat mir und ein paar Freunden vor ihrem Sterben
das Versprechen abgenommen, dass wir uns jährlich
treffen und auf ihr Andenken trinken. Seit über 20
Jahren machen wir das schon. Es ist die Gelegenheit,
alte Zeiten aufleben zu lassen, auch die Zeit der Hot
Pants.

Prosit Tante Mathilde! Du stößt sicher mit uns im
Himmel an und ärgerst Dich immer noch über die
Dummheiten in der Kirche.

Reponieren oder nicht, das ist hier die Frage

Papa Renz hat sogar von uns jungen Vikaren gelernt und dies auch angenommen.

Es war kurz nach unserem Stellenantritt an einem Sonntag. Pfarrer Renz hatte den Gottesdienst im Krankenhaus gehalten. Beim fröhlichen Mittagessen fragte er verlegen: „Wer geht jetzt zum Reponieren?" Wir schauten uns an. „Reponieren, was ist das?" fragten Hans und ich aus einem Mund. Pfarrer Renz schien sich unwohl zu fühlen und dann stellte sich heraus, dass es eine lange, nicht hinterfragte Tradition war, dass vor dem evangelischen Gottesdienst im Krankenhaus die geweihten Hostien aus dem Tabernakel entfernt und in der Sakristei aufbewahrt wurden. Jetzt am Nachmittag sollten die Hostien wieder zurückgebracht (reponiert) werden. „Ja, wir müssen doch den Heiland nicht vor den Evangelischen verstecken," sagte einer von uns und Papa Renz seufzte tief auf: „Das habe ich mich auch schon oft gefragt." Damit war die Sache besprochen und niemals mehr wurden die geweihten Hostien "versteckt." Das war unser erster Beitrag zur Ökumene in Aalen. Warum haben unsere Vorgänger dies nie gesagt?

Ideen muss man haben

An einem Sonntag kamen viele der Gläubigen mit einem violetten Punkt auf der Stirn zur Kommunionbank. War das eine neue modische Sitte, von der ich nichts mitbekommen habe, oder waren das katholische Hindus mit dem Kastenzeichen auf der Stirn?
Der Mesner löste das Problem. Ins Weihwasser hatten unbekannte Spitzbuben die violetten Kristalle von Kaliumpermanganat gestreut und damit hatten fast alle Kirchenbesucher sich gekennzeichnet. Der schwierige Teil dieses Streiches war dann, die Farbe wieder aus dem Weihwasserbecken zu entfernen, wo sie sich in den Stein eingefressen hatte.

Da lobe ich mir jene, die mal in Aalen das Weihwasser durch Schnaps ersetzt hatten. Da machte das Kreuzschlagen einfach Spaß und gleichzeitig waren die Becken desinfiziert. Schade, dass dies nicht zur katholischen Tradition gehört.

Liturgische Wildsau

Dies war der "liebevolle" Zuruf eines Kollegen, als ich beim Kanon spontan eine Fürbitte für das Ziel des Krankenwagens einschob, der mit lautem "Tatü Tata" die Stille der Kirche störte.

Seither führe ich diese Bezeichnung als Ehrentitel. Denn ich wollte nie eine sterile Liturgie "rite" durchziehen, sondern mit den Menschen feiern und dazu gehören auch die Störungen durch Krankenwagen und Kinder. Gott sei Dank habe ich die Fähigkeit mitbekommen, spontan zu reagieren und auch Störungen in die Liturgie einzubeziehen.

R. Pacher

Peinlich - Peinlich....

Eines Tages zur Aalener Zeit hatte ich das dumpfe Gefühl, dass ich irgend etwas versäumt haben müsste. Ich wusste nicht, was es gewesen sein könnte. Doch das Gefühl ließ mich nicht mehr los. War da nicht ein Telefonanruf gewesen? Mehrere Tage beschäftigte mich dieses Gefühl und ich sprach mit den Kollegen darüber, doch niemand konnte mir helfen. Schließlich erzählte ich es bei einem Krankenhausbesuch auch Schwester Wally, der resoluten Stationsschwester. Sie klärte mich auf und holte das unterbewusste schlechte Gewissen ans Tageslicht. Was war geschehen?

Ein Mann lag im Krankenhaus im Sterben. Die Angehörigen wünschten die Krankensalbung und so rief Schwester Wally nachts gegen 1 Uhr im Pfarrhaus an. Schlaftrunken meldete ich mich und versprach, gleich zu kommen. Doch nichts geschah. Da telefonierte Wally nochmals mit mir und sagte, dass der Mann soeben verstorben sei und sie alle immer noch auf mich warten würden. Darauf soll ich gesagt haben: "He isch he!" (Tot ist tot). Wieder geschah nichts, denn der Schlaf war stärker als jede Todesnachricht und ich bin Wally heute noch dankbar, dass sie meine schlaftrunkene Antwort nicht den Angehörigen weitersagte. Doch seither habe ich kein Telefon mehr am Bett, damit so etwas nicht mehr passiert. Damals wurde dann schließlich der alte Dekan gerufen, der den Toten salbte. Ich bin der festen Überzeugung, dass der liebe Gott den Verstorbenen nicht für meinen festen Schlaf und für die versäumte Krankensalbung büßen ließ.

„Freund, rücke höher"

Schade, dass dies Jesus nur in der Bibel sagt, sonst sagt es immer bloß der Pfarrer. Die Unsitte, die erste Hälfte der Kirche frei zu lassen und sich lieber in der Türe und im Orgelaufgang zu verkeilen, ist überall vorhanden. Ich stellte mich in der Vergangenheit oft am Kircheneingang auf, begrüßte die Leute und forderte sie auf nach vorne zu kommen. Kaum einer widerstand dieser Einladung, bis... bis zum nächsten Sonntag. Immerhin fast überall hatte ich es nach einem halben Jahr geschafft, dass sich eine andere Tradition anbahnte. Nur die Auernheimer schienen auf diesem Gebiet zäh zu sein. „Wenn das der Pfarrer noch öfters macht, dann gehe ich nicht mehr in die Kirche," war eine durchaus gängige Meinung. Da griff ich zur Holzhammermethode. Es war Pfingsten. Ich stellte mich zu Gottesdienstbeginn mitten in den Kirchengang unter die Leute und fragte sie, ob sie wissen würden, wie der Pfarrer von Auernheim mal im Himmel empfangen würde. Sie wussten es nicht. „Wenn der Pfarrer von Auernheim in den Himmel kommt, steht der Petrus an der Tür und fragt: 'Du Pfarrer von Aura, wo send deine Baura?' Dann wird der Pfarrer antworten: ‚Dort hinten im Eck, do hocket dia Böck!" Das Lachen war auf meiner Seite und sie begannen tatsächlich nach vorne zu kommen. Ein kleiner Etappensieg, dem noch viel Überzeugungsarbeit folgen musste.

Die "leere" Kirche

In Schramberg hatte mich mein Chef zur Frühmesse verdonnert. Jeden Morgen um 6 Uhr sollte ich die Messe feiern. Doch das Feiern war kaum möglich, da die wenigen Besucher wollten, dass ich halt die "Messe lese", während sie sich hinter den Säulen herumdrückten. Im Klartext: Die Kirche war immer "leer", wenn ich an den Altar trat. Alles Bitten half nichts. Eines morgens warf ich einen Blick in die "leere" Kirche und sagte laut zum Mesner: „Heute ist niemand da. Ich geh wieder." Da rumpelte es hinter den Säulen und plötzlich waren doch einige da, die mitfeiern wollten. Denn sogar die "Säulenheiligen" wollten nicht ohne Messe nach Hause.

Es ist aufgrund alter Traditionen sehr schwer, klarzumachen, dass der Pfarrer nicht für sich die Messe "liest", sondern im Auftrag Jesu sie mit einer Gemeinde feiern möchte.
Doch steter Tropfen höhlt auch hier den Stein.
Aber es ist mühsam.

Aschermittwochsüberraschung

Aschermittwoch war es geworden. Die Narretei hatte ein Ende und die Frommen wallten zur Kirche, um das Aschenkreuz zu empfangen. Für mich, den Spender des Kreuzes, war es manchmal schwierig, unter der herabhängenden Haarespracht die Stirn der Reumütigen zu erreichen. Ich musste immer wieder einhändig die Haare aus der Stirn schieben um dann mit dem Daumen das Aschenkreuz aufzudrücken.

Bei einem jüngeren Herrn schob ich mal wieder energisch die Fransen aus dem Gesicht, denn wenn Aschenkreuz, dann sollte es auch ein richtiges werden. Nach einem erschreckten „Huch" merkte ich, dass ich bei dieser Gelegenheit das ganze Toupet verschoben hatte. So ernst muss die Buße nun auch wieder nicht genommen werden, denn "Schön-Sein" darf man auch in der Fastenzeit.

Die Frau an meiner Seite

Es war beim Gesangverein. Oder war es beim Turnverein? Ich weiß es nicht mehr. Das ist auch nicht wichtig. Die Begrüßungsformularien sind überall die gleichen. „So begrüße ich besonders herzlich den Herrn Bürgermeister mit Gattin, und den Feuerwehrkommandanten mit Frau. Ich begrüße herzlich den Rektor der Schule mit Frau." So wurde einer nach dem anderen begrüßt und ich war gespannt, wer mit Frau und wer mit Gattin kam. Einschläfernd ging es weiter und jedes Mal kam Beifall auf, er wurde immer spärlicher. „Und natürlich begrüßen wir auch den evangelischen Pfarrer mit Frau und den katholischen Pfarrer.." Eine unnatürliche Pause entstand und plötzlich hörte ich mich rufen: „Ohne Frau!" Gelächter und Beifall kamen auf, die Spannung war gelöst. Ja, der katholische Pfarrer immer noch ohne Frau - ein Exot. Wer traut es mir zu: Ohne Frau. Jeder weiß doch, dass Margret bei mir im Haushalt ist, dass sie für mich sorgt und viele Dinge für die Pfarrei tut. Doch der Wille des Papstes: Der katholische Pfarrer - ohne Frau. Wie arm wäre eine Pfarrei ohne Frau im Pfarrhaus, wie arm wäre ich ohne Margret. Die Leute denken sich manches, ob sie auch das Richtige denken? Ich bin jedenfalls dankbar für die Frau an meiner Seite. Manche meinen, sie hätte im Pfarrhaus die Hosen an. Stimmt gar nicht! Die Hosen habe ich an, doch sie sagt manchmal, welche ich anziehen soll. Habe ich es schon gesagt: Ich bin dankbar für die Frau an meiner Seite. Neulich sagte ein evangelischer Kollege: „Sei froh, dass Du Deine Frau hast." Als ich lachte, fügte er hinzu: „Ich habe mich nicht versprochen, ich habe es so gemeint." Danke!

Vergeblicher Kampf

Bei einer Reise an den Viktoriasee kämpfte ich jede Nacht heldenmütig gegen die Moskitos, die summend und ziepend ihre Angriffe auf mein priesterliches Blut flogen. "Iiiiiiiiiiii" kamen sie daher oder auch "szszszszszsz" und ich klatschte wie wild durch die Gegend, oft auch gegen meine eigene Backe. Manchmal, aber nicht zu oft, sah man dann am nächsten Tag den Erfolg meines Bemühens in Gestalt von Blutflecken. Doch meistens waren die Biester zu schnell und Gesicht und Ohren schwollen an, nicht nur wegen der Stiche, sondern auch durch meine Verteidigungmaßnahmen, sprich Ohrfeigen, die ich mir nächtlich selbst versetzte. Doch eines Tages war der schöne Urlaub auch vorbei und ich befand mich wieder zu Hause in Moskito-freiem Gefilde, bis ich eines Tages in Augsburg bei Freunden übernachtete. Da kamen sie wieder die Blutsauger mit ihrem "iiiiiiiiiiiii" und "szszszszsz". Ununterbrochen flogen sie ihre Angriffe und ich glaubte bald die einzelnen Schnaken am Ton unterscheiden zu können. Ich wehrte mich wieder heldenhaft, doch jedesmal erfolglos, ihr "iiiiiiiiiiii" und "szszszszsz" wollte nicht aufhören. Nach jedem Schlag auf meine Backe, entfernten sie sich um "iiiiiiiiiiiii" und "szszszszsz" wieder zu kommen.

Ziemlich genervt stand ich am nächsten Morgen auf, bloß um zu entdecken, dass der ganze Kampf umsonst war. Es waren nämlich keine afrikanischen Moskitos und es waren auch keine bayrisch-schwäbischen Schnaken, es waren einfach die singenden und ziependen Autoreifen von der nahen Autobahn, die mit "iiiiiiiiiiiiiiii" und "szszszszsz" an meinem geplagten Gehör vorbeiziepten.

"Ätsch" klang es in meinen Ohren und die afrikanischen (Plage)Geister hatten sicher ihren Spaß.

Wunder gibt es immer wieder

In Ludwigsburg plagte mich jeden Winter eine starke Erkältung, die mich kaum sprechen und vor allem nicht singen ließ, worüber manche nicht ganz unglücklich waren. Ich unternahm alles Mögliche, um die Erkältung zu verhindern, doch alles vergebens.

Doch dann geschah das Wunder, wie alle meinten. Keine Erkältung, keine heisere Stimme, lautes Singen war wieder möglich. „Es ist wie ein Wunder!" behauptete ich und dies bestätigten alle um mich herum, bis Claudia, die kleine Nichte von Margret mal zu Besuch kam. Auch sie musste das Wunder bestaunen und bezeugen. Doch dann stürzte sie aus der Waschküche nach oben und rief triumphierend: „Ich habe das Wunder gesehen, es hing unten auf der Leine!" Siegessicher schwenkte sie dabei den dicken Jogginganzug, den ich in diesem Winter zum Schlafanzug erkoren hatte.
Und mit Hilfe dieses Jogginganzuges, der noch weitere Nachfolger hatte, geschieht das Wunder immer wieder. Manchmal muss man Wundern einfach ein wenig nachhelfen.

Hart im Nehmen

Die junge Frau war neulich erst zugezogen. sie kam aus einer frommen Familie und war geprägt von Pfarrer S., einem ebenso frommen Kollegen, mit dem sie bereits einige Wallfahrten gemacht hatte.

Eines Tages entdeckte ich sie im Rosenkranzgebet vor der Abendmesse. Doch sie betete nicht mit, sondern schaute nur stumm vor sich hin.
Da ich etwas mit ihr zu besprechen hatte, winkte ich sie heraus und bat sie in die Sakristei zu kommen.
„Sie machen aber kein glückliches Gesicht," begrüßte ich sie dort. Darauf meinte sie: „Wer mit Pfarrer S. einige Wallfahrten gemacht hat, der überlebt auch das!"

Bloß net übertreiben

Sparen kann man auch übertreiben, sogar als "Schwob". Da hatten wir neulich samstags Hochzeit gefeiert. Die Brauteltern hatten sich alle Mühe gegeben, diesen Tag zu einem unvergesslichen Erlebnis zu machen und sie hatten die Kirche aus diesem Anlass selber festlich geschmückt. Ein wenig zu üppig war dies für meinen Geschmack. Aber Hochzeit ist ja nur einmal im Leben - meistens. Die Kirche sah prächtig aus mit den geschmackvollen Blumenarrangements. Vor allem das wunderschöne Blumenbukett auf dem Altar hatte es mir angetan. Ich hatte deshalb unseren "Blumenfrauen" sagen lassen, dass diesmal kein sonntäglicher Blumenschmuck notwendig sei, denn als sparsamer schwäbischer Pfarrer sah ich hier - wie bei anderen Hochzeiten auch - eine Gelegenheit unseren Blumenetat zu schonen. Doch ich hatte nicht mit den noch sparsameren schwäbischen Brauteltern gerechnet. In einer Blitzaktion hatten sie nämlich gleich nach der Trauung die Blumen aus der Kirche geholt, um damit bis zur Ankunft der Hochzeitsgäste den Festsaal zu schmücken, sodass ich am Sonntag in einer blumenlosen Kirche Gottesdienst halten musste. Ich gönnte dem Brautpaar den festlichen Schmuck. Doch gab es da nicht mal eine Sitte, dass man zur Hochzeit Blumen für die Kirche stiftete? Doch das muss irgendwo anders gewesen sein, sicher nicht in Nattheim. Hier ist Sparen angesagt, auch auf Kosten der Gemeinde.

Der 20. Vers

Es war eine große Beerdigung, „a richtig schöne Leich", der Musikverein spielte mit Hingabe dreimal einen bekannten Grabchoral. Nach einer kurzen Predigt machten wir uns auf den Weg zum Grab, und wieder intonierte der Musikverein dieselbe Melodie.

„Jetzt spielen die schon wieder das Gleiche", murmelte ich in meinen Bart. Da wandte sich der kleine Ministrant an mich und sagte: „Herr Pfarrer, das Lied hat doch 20 Verse."

Fragwürdiger Hochzeitstag

Eine evangelische Kollegin hatte am Anfang des Religionsunterrichts immer Schwierigkeiten, die Grundschüler zur notwendigen Disziplin anzuhalten. Mit viel Liebe und einer Eselsgeduld schaffte sie es immer wieder, die Stunde durchzuführen. Eines Tages beschloss sie, neue Saiten aufzuziehen und sagte zu Beginn: „Heute bin ich sauer, heute habe ich keine Geduld, heute fangen wir ohne Zicken gleich an." Da meldet sich einer und sagt: „Ich weiß, warum du heute nicht gut drauf bist: Du hast sicher heute Hochzeitstag." Seither überlege ich, was wohl bei mir ist, wenn ich sauer bin. So viele Hochzeitstage kann ich doch gar nicht haben.

Geschwisterstreit

„O Mama, ich mag dich so, ich werde dich mal heiraten", sagt schmusend die kleine Magdalena im Kindergartenalter zu ihrer Mutter. Jakob erhebt Einspruch, er ist schließlich schon in der ersten Klasse: „Das geht doch nicht, Mama ist doch auch ein Mädchen!" „Dann wird sie sich eben verkleiden", beharrt Magdalena auf ihrem Heiratswunsch.

„Geht immer noch nicht", sagt Jakob, „denn die Mama hat doch kein Bieberle." - Nichtschwaben müssen sich diesen Begriff übersetzen lassen - Doch Magdalena sagt: „Das sieht man doch nicht, wenn sie verkleidet ist."

Was wird die Mama jetzt wohl tun?

Das Geschenk

Es war die Osterfeier in Auernheim, frühmorgens um 6 Uhr. Fast alle gingen zur Kommunion. Ein Kindergartenkind kam auch nach vorne, streckte mir ein buntes Ei entgegen und sagte: „Für dich!" Da stand ich mit der Hostienschale in der einen und dem (schon etwas mitgenommenen) Ei in der anderen Hand und konnte die Kommunion nicht mehr austeilen. Was war jetzt wichtiger: die traditionelle Kommunion oder das von Herzen geschenkte Ei? Ich wagte keine Entscheidung. Eine aufmerksame Ministrantin kam mir zu Hilfe und nahm mir die Entscheidung und das Ei ab. Beiden möchte ich danken!

Jenseits der Schmerzgrenze

Nicht alles war fröhlich, was mir passiert ist. An die Grenze des Ertragbaren kam ich im Dezember 1978, als Papst Johannes Paul II verkündigen ließ, dass Professor Küng nicht mehr katholisch sei.

Dabei war es genau dieser Küng, der mir die Freude an der Theologie und die Freude an der konkreten Kirche vermitteln konnte. Der soll jetzt nach dem Willen von Höffner und Ratzinger nicht mehr katholisch sein. Dann war ich es auch nicht mehr. Ich überlegte ernsthaft, mein Amt niederzulegen und aus der Kirche auszutreten. Doch Margret hat mich dann gehalten, ihr sei Dank. Damals gab ich nach den Gottesdiensten in St. Johann eine persönliche Erklärung ab, die bei den Besuchern auf spontanen Beifall stieß. Diese Solidarität hat mir den Rücken gestärkt.

Seit jener Zeit bete ich verstärkt für den Papst, doch seinen Namen erwähne ich nicht mehr im Kanon der Messe, und jedem, der mich danach fragt, gebe ich die Auskunft, dass ich dadurch meinen Protest gegen diese Willkürentscheidung aufrecht erhalte. Ein Papst, der zwar mit seinem „Beinah-Mörder" ein publicityträchtiges Gespräch führt und dies dann per Video vermarkten lässt, der aber das Gespräch mit seinen kritischen Theologen konsequent verweigert, der kann für mich nicht glaubwürdig sein.

Lukas darf in die Kirche

Lukas Johannes ist sein schöner Name: ein Schlingel im Kindergartenalter, den ich einstmals getauft hatte. Jetzt kommt er ab und zu mit Papa und Mama zu mir in die Kirche. Doch so ganz einfach ist der Kirchenbesuch nicht.

„Wann geht der Pfarrer jetzt endlich heim?" kann er ganz lautstark fragen und niemand gibt ihm eine Antwort, denn so schnell geht der Pfarrer halt doch nicht heim, er hat ja noch so viel seiner Gemeinde zu sagen und die Messe dauert eben 50 Minuten.

Da kommt das Opferkörbchen als willkommene Abwechslung und Lukas darf ein Zehnerle opfern. Doch er fragt gleich: „Wann bekomme ich mein Geld wieder zurück?" Mama Andrea flüstert ihm zu: „Das bekommen jetzt die armen Kinder." „Die sollen dafür aber bei mir auch Danke sagen", meint der kleine Lukas. So ganz unrecht hat er ja nicht. Ich muss ihm mal erzählen, was die Leute mir schreiben, wenn ich ihnen mit diesem Geld helfen kann. Vielleicht sieht er dann ein, dass er keinen Brief mit persönlichem Dank bekommen kann.

Als mal ein afrikanischer Priester die Messe feierte, stellte er beim Evangelium lautstark fest: „Kann der Pfarrer sich eigentlich nicht waschen, bevor er zu uns kommt!"

Dann kam der traurige Augenblick, dass seine Großmutter verstarb. Lukas war auch in der Kirche und sagte zur Mutter: „Bring' mir auch ein Brot mit, ich habe solchen Hunger!" Schließlich kam er bei der Kommunion auch nach vorne und erhielt von mir ein Kreuz auf die Stirn: „Gott schütze und segne dich!" Er aber beschwerte sich in der Bank: „Der Klaus hat mir auch kein Brot gegeben, sondern bloß ein Kreuz." und wieder wurde mir bewusst, dass der Auftrag Jesu heißt: „Lasst die Kinder zu mir kommen..." Wir aber schließen sie vom Mahl aus und sagen, sie müssten dazu in der 3. Klasse sein. Ob nicht manches Kind bis dahin schon längst verhungert ist?

Nochmals Lukas

Nach dem Waldgottesdienst bei Auernheim durfte Lukas noch mit uns in die "Kanne" gehen, und weil es warm war, trank er auch ein großes Spezi. Doch sein "Bläsle" war eben altersgemäß der großen Flüssigkeitsmenge nicht gewachsen und so musste er immer wieder das stille Örtchen aufsuchen, stets begleitet von der Ermahnung der Mutter, sich doch anschließend auch die Hände zu waschen. Schließlich wurde es ihm zu viel und er sagte zur Andrea-Mama: "Komm Du jetzt mit und halte mein Rolle, dann muss ich nicht immer die Hände waschen."

Anschließend erklärte er noch dem Wirt, dass er dringend neue Waschbecken anschaffen solle, denn seine Armaturen seien veraltet: "Da muss man ja noch dran drehen!"

Ehrliche Auskunft

Ein „Vögelein hatte mir gezwitschert", dass der Bischof in seiner unendlich fürsorglichen Güte eine ganze Nummer der monatlichen "Informationen", des Nachrichtenblattes des Priester- und Diözesanrates, einstampfen ließ, um seine Untertanen vor einem aufmüpfigen Leserbrief zu bewahren. Dem Himmel sei Dank, dass so Schaden abgewendet werden konnte - oder? Ich versuchte die Redaktion der "Informationen" in Stuttgart zu erreichen, um etwas über die Hintergründe zu erfahren.

Eine ISDN-geführte Stimme veranlasste mich, verschiedene Knöpfe meines Telefonapparates zu drücken, bis ich schließlich von der Zentrale des Bischof Leiprecht Hauses freundlich nach meinem Begehren gefragt wurde. „Ich möchte die Informationen sprechen", sagte ich klar, doch logisch nicht ganz korrekt, denn mit Informationen kann man nicht sprechen, die hat man oder die gibt man weiter. Da sagte deshalb auch die sächselnde (warum auch nicht - wir sind schließlich Weltkirche!) Stimme: „Informationen hobn wir geine!" Wie wahr! Informationen und Leserbriefe könnten ja gefährlich sein und die Untertanen zum selbstständigen Nachdenken führen. „Da hobn wir lieber geine von!" Dann kann der Bischof machen was er will, ohne lästige Fragen fürchten zu müssen. Nachträglich stellte sich heraus, dass die Informationen nicht eingestampft wurden, sie wurden lediglich zurückgehalten, bis der Bischof eine Stellungnahme verfassen konnte. Das Ziel wurde erreicht: „Informationen hobn wir geine!" Denn mit mehrwöchiger Verspätung waren die Informationen "geine Neuichgeiten mehr."

Und das Schönste: Nach der Lektüre des Briefes kann kein vernünftiger Mensch die mimosenhafte Empfindlichkeit seiner Exzellenz begreifen. Übrigens: Das Blatt durfte nur ausgeliefert werden, nachdem der Sprecher des Priesterrates und die Sprecherin des Diözesanrates eine formelle "Distanzierung" unterschrieben hatten.

Zölibat

Das Zölibat oder der Zölibat - ich weiß es bis heute nicht. Eines aber weiß ich, dass der oder das Zölibat nicht dem Menschen entspricht.

Mein erster Gemeindepfarrer H. hatte ein Kind und wurde daraufhin versetzt. Mein zweiter Pfarrer S. heiratete die Mutter meines Schulkameraden Holger und durfte deshalb auch nicht bleiben.

Einer meiner Vorgänger hatte einen Sohn. Die ganze Gemeinde wusste darum und liebte ihren Pfarrer. Bloß laut sagen durfte man es nicht.

Alle drei, von denen ich hier spreche, sind gestorben, doch es waren gute menschliche Priester.

Wann endlich begreifen die Bischöfe?

Die Lösung

Die Pfarrer werden immer weniger, die Arbeit wird immer mehr. Die Bischöfe wollen die naheliegende Lösung nicht annehmen. Was tun?

In fröhlicher Runde kam folgender Vorschlag auf:

Nehmt einen Pfarrer nach des Bischofs Herzen und bedient euch der modernen Wissenschaft. Dieser Pfarrer kann mit ein paar entnommenen Zellkernen x-mal geklont werden, dann gibt es nach 25 Jahren eine Fülle von Priestern nach des Bischofs Herzen. Diese 25 Jahre müssten doch zu überbrücken sein! Außerdem spielt der Sex und damit der Spaß bei dieser Art der Vermehrung keine Rolle, da müsste doch sogar der Papst zustimmen.

Ungarisch katholisch

Es gibt römisch-katholische Christen und es gibt eben auch ungarisch-katholische Christen. Davon will ich erzählen, doch nicht davon, dass die aus Ungarn vertriebenen Deutschen die römischen und schwäbischen Katholiken kraft ihrer Lautstärke und ihres gaanz laangsaamen Singens aus dem 11 Uhr Gottesdienst in Welzheim vertrieben hatten.

Ich habe in Ungarn mehrere Besuche gemacht und dabei Dr. Békés kennengelernt, einen katholischen Pfarrer des griechisch-katholischen Ritus, der dort ganz im Osten mit seiner Familie lebt. Er führte mich durch sämtliche Pfarrhäuser der Gegend, denn fast alle griechisch-katholischen Pfarrer waren irgendwie miteinander verwandt. Doch dann besuchten wir auch einen römisch-katholischen Mitbruder. Wir kamen unangemeldet. Im Hof hingen auf der Wäscheleine Frauenkleider und auch Kinderwindeln. Dr. Bekes bemerkte meinen erstaunten Blick und sagte schelmisch: "Böse ist, wer Böses denkt."

Da ich wegen einer gerade überstandenen Gelbsucht keinen Alkohol trank, rief er aus: "Was, Du rauchst nicht, Du trinkst nicht, Du hast keine Frau! Warum lebst Du überhaupt?"

Für ihn, den ungarisch-katholischen Pfarrer aus dem griechisch-katholischen Ritus, der sich zur römisch-katholischen Kirche zählte, war und ist die Zölibatsvorschrift der Römischen Teilkirche einfach nicht zu begreifen. Für mich auch nicht.

Missionarische Predigt

Beim Besuch auf der Frauenabteilung im Aalener Kreis-
krankenhaus spürte ich eines Tages ziemliche Aufregung und Empörung. Langsam tastete ich mich an den
Ursprung der Unruhe heran. Was war geschehen?

Tags zuvor hatte Pater Funk, der lange Jahre Missionar
in Afrika gewesen war, eine Predigt in der Kranken-
hauskapelle gehalten, die selbstverständlich auch auf
die Stationen übertragen wurde. Der "Elefantenpater"
predigte über den Wert der Jungfräulichkeit und um
deutlich zu machen, was er meinte, sagte er Folgendes:
„Mit der Ehe und mit der Jungfräulichkeit ist es wie mit
den Autos - neue Autos fahren immer besser als
gebrauchte Wagen."

Ich brauchte lange, um den "Gebrauchtfahrzeugen" auf
der Entbindungsstation klarzumachen, dass es so (!)
nicht gemeint war und dass ein alter Afrikamissionar
eben eine bildhafte Sprache führt und führen darf.

Immer diese Obrigkeit

Meine Eltern haben mich zur Selbstverantwortung erzogen, deshalb habe ich etwas dagegen, wenn ich bloß gehorchen und parieren soll. Da stelle ich alle Stacheln. Das **BO** musste das immer wieder herb erfahren. **O** - heißt Ordinariat, manchmal auch Ordinarriat. Bei **B** da streiten sich die Geister. Heißt das nun blöd, biblisch oder bischöflich. Ich überlasse es der Fantasie des Lesers. Bei der Renovierung der Ludwigsburger Kirche sollten die alten Fenster durch künstlerisch gestaltete neue Fenster ersetzt werden. Die alten Fenster waren einst vom Künstler Litzenburger lieblos gemacht worden, weil man ihm das Geld für seinen künstlerischen Entwurf nicht genehmigt hatte. Bei der Planung der Renovierung kam plötzlich massiver Widerstand aus dem Bischöflichen Bauamt mit der Maßgabe, das große Kunstwerk von Litzenburger nicht zu zerstören. Sogar das Landesdenkmalamt wurde eingeschaltet, das dann fassungslos vor den Farbklecksen stand und beim besten Willen keine Kunst erkennen konnte. Doch das BO (siehe oben) blieb unnachgiebig. Sogar angebliche Aussagen auf dem Totenbett von Litzenburger wurden herangezogen, von denen allerdings dessen Testamentsverwalterin nichts wusste. Was war da los? Bei einem Besuch im BO (siehe oben) fiel dem zuständigen Referenten ein Foto aus der Mappe, das mir bekannt vorkam. Es war die Fotografie des abgelehnten Litzenburger - Entwurfs, der, wie bekannt, nicht zur Ausführung kam. Diese Fotografie war die Entscheidungsgrundlage im BO (siehe oben). Fensterkrampf oder Fensterkampf?

Die Puppe in der Puppe in der Puppe in der Puppe-Puppe

Fast jeder kennt die russischen Babuschka-Puppen aus Holz, die man öffnen kann und in deren Innenleben sich wieder eine Puppe befindet, die man wieder öffnen kann und dann wieder und dann wieder, bis zum Schluss eine winzige Babuschka übrig bleibt, ein kleines Würstchen, der Kern sozusagen.

Ich wollte solch eine Puppe nie kaufen, vor allem als ich entdeckte, dass sie in Moskau auch mit dem Konterfei von Gorbatschow, Jelzin und Clinton zu haben waren. Heute habe ich trotzdem eine Babuschka. Was war geschehen?

Ich hatte einen Traum:
Kurz vor meinem Urlaub hatte ich zwei Leuten aus der Gemeinde recht handgreiflich Bescheid gesagt, so dass sogar zwei Brillen zu Bruch gingen. Anschließend erhielt ich vom Apotheker (!) die Beschwerde, es sei unfair gewesen, in seiner Abwesenheit die Brillen zu zerschlagen, jetzt hätte ein anderer das Geschäft gemacht. Der Brief schloß mit der Aufforderung: "Jetzt schulden Sie mir noch zwei Brillen, bitte möglichst bald erledigen!"
Ich fand mich in diesem Traum so toll, dass ich beschloss, eine Zeitungsglosse zu schreiben mit dem Titel: Er haut zu wie Don Camillo. Ich sprang deshalb auf und suchte Schreibzeug und Papier. Dabei stieß ich mir das Schienbein an und wachte auf. Ich saß auf der

Bettkante. Nichts war mit dem tollen Kerl. Das amüsierte mich kolossal und ich lachte laut und tief wie Ivan Rebrov. Meine Frau und alle 6 Kinder (!) wachten auf und die Nachbarn wunderten sich über mein aktives Nachtleben. Ich war halt doch ein ganzer Kerl.

Da wachte ich wirklich auf. Mit mir war kein Staat zu machen. Weder zum Don Camillo taugte ich, noch zum Familienvater, übrig blieb der Rest, ein kleines Würstchen, das von der Nachtkälte geschüttelt rasch wieder ins warme Bett kroch.

Bin ich froh, dass der große Gott den Rest kennt, den letzten Kern, das arme Würstchen, das in jeder Babuschka und in jedem Pfarrer steckt. Von ihm bin ich angenommen, ohne dass ich was darstellen muss.

Deshalb habe ich mir eine Babuschka gekauft.

Unberechtigtes Lob

Im Supermarkt suche ich nach einem bestimmten Artikel und bin ganz vertieft beim Suchen. "Herr Pfarrer, da haben sie eine schöne Leich gehalten," werde ich lobend von der Seite angesprochen. Ja, was habe ich angestellt, was habe ich bei der Predigt da gesagt, fährt es mir durch den Kopf, als Frau K., für welche ich sonst eigentlich nicht fromm genug bin, mich so anmacht. "Wissen Sie," fährt sie fort, "vor allem das schöne Flüchtlingslied, das gefällt uns allen so sehr." Mein innerer Computer läuft auf Hochtouren. Wenn ich von dieser Frau schon mal gelobt werde, dann will ich auch wissen wofür. "Wer nur den lieben Gott lässt walten" oder "Christus ist erstanden", das sind die Lieder, die mir einfallen, aber sind das Flüchtlingslieder? Ich taste mich vorsichtig vor, damit sie meine Unkenntnis nicht zu deutlich spürt. "Mein Heiland, Herr und Meister, hat doch der Chor so schön gesungen," sagt sie dann. Mir fällt ein Stein vom Herzen. Also mich hat sie doch nicht gelobt. Übrigens hat der Chor dieses Lied auch nicht gesungen. Aber wenigstens bin ich im rechts-katholischen Lager auch mal gelobt worden, wenn auch zu Unrecht. Ich trage es mit Fassung.

Kreuzschmerzen

Beim Bau der Herz Jesu Kirche hat es nicht mehr zu einem Turm gereicht, doch dafür haben wir ein großes Metallkreuz auf dem Kirchendach. Als der Fuß des Kreuzes mal stark Rost angesetzt hatte, wurde das Kirchendach undicht, wir mussten es reparieren und dabei auch das Kreuz eine Zeit lang entfernen.

Eines Tages stand ein Trupp Männer von der Landesvermessung vor der Tür und fragte aufgeregt nach dem Kirchenkreuz. Es stellte sich heraus, dass das Kreuz für die Landesvermessung ein wichtiger Bezugspunkt war und nachdem es nicht mehr da war, konnten die Leute Ihre Vermessungsarbeiten nicht mehr oder nur unter größten Schwierigkeiten ausführen. Ich empfahl dem Chef der Truppe, jetzt Urlaub zu machen. Wenn doch das Kreuz sonst auch ein solch wichtiger Bezugspunkt wäre!

In der Zwischenzeit ist das Kreuz ca. 50 cm versetzt an der Kirchenwand wieder angebracht. Hoffentlich kommt die Landesvermessung nicht mehr durcheinander.

Ein Pfarrer sollte die Leute kennen

Es war bei einer Beerdigung auf dem Totenbergfriedhof in Heidenheim. Ich schaute gerade noch meine Predigt durch, da kam ein Mann mittleren Alters in mein Zimmer und stellte sich vor: "Ich bin der Benz junior." Verblüfft schaute ich auf, denn ein Beerdigungsunternehmen gleichen Namens war mir unbekannt. Zaghaft fragte ich: "Ja, müsste ich den Benz kennen?" "Ha, selbstverständlich," war die Antwort, "der hat doch so viele Jahre hier geschafft!" "Ja wissen Sie, ich bin erst zum zweitenmal hier, und komme aus Nattheim," versuchte ich mich zu erklären. Doch er ließ nicht locker: "Den Benz aus der Hasengasse, den sollten sie trotzdem kennen!"

Ich wagte gar nicht zuzugeben, dass ich nicht mal wusste, wo die Hasengasse liegt. Er schien das zu merken und klärte mich auf, dass die Hasengasse in Mergelstetten liegt.

Als Pfarrer bin ich bei ihm auf jeden Fall durchgefallen, da ich den Benz nicht kannte. - So was will Pfarrer sein!!

Sichtbar gesegnet

Bei einer ökumenischen Hochzeit wählte das Brautpaar die evangelische Fassung des Liedes "Lobe den Herren." In der 4. Strophe heißt es: "Lobe den Herren, der sichtbar dein Leben gesegnet, der aus dem Himmel mit Strömen der Liebe geregnet, denke daran, was der Allmächtige kann, der dir mit Liebe begegnet."
Aller Augen richteten sich dabei auf die sichtbar gesegnete Braut und einer der Trauzeugen flüsterte laut: "Das war nicht der Allmächtige!"
Ich nehme auch an, dass es der nicht war, denn das gab es nur einmal, damals vor 2000 Jahren.

Jetzt erst recht

Max hatte sich von seiner Frau getrennt. Nichts Ungewöhnliches bei deiner Scheidungsrate von 30 %. Max allerdings war schon 60 Jahre verheiratet gewesen und hatte mit seiner Klara viel durchgemacht. Jetzt endlich hatte er die Nase voll und war ausgezogen. Ich möchte keine Schuld verteilen, doch eine Versöhnung schien nicht möglich zu sein, da keifte sie viel zu sehr.

„Na, Max, wie geht es, so allein?" fragte ich ihn mitfühlend, als ich ihn auf der Straße traf. „Herr Pfarrer," sagte er, „immer besser und ich werde noch viele schöne Jahre haben."
Ich glaubte es ihm sofort.

Keine Freude für den Pfarrer

Es war Faschingssonntag und ich konnte in einer schwäbischen Predigt durch das Kirchenmäusle den mir Anvertrauten Einiges sagen. In Auernheim stieg ich dazu auf die Kanzel und war nun in gleicher Höhe mit dem Kirchenchor und ihm, da die Kanzel an der Wandmitte angebracht war, auch ziemlich dicht auf die Pelle gerückt. Ich bat darum, dass auch die Männer an der Kommunion teilnehmen sollten und blickte dabei zum Kirchenchor, damit die Mannen dort auch merkten, dass ich sie meinte.

Es kam nun zur Kommunionausteilung. Die Frauen des Kirchenchores machten sich auf den Weg zum Kommunionempfang und warfen auffordernde Blicke zu ihren Sangesbrüdern. Da grandelte einer aus dem Bass: „Heut no net, sonst meint der, mir dätet folge!"
Den Triumph wollten sie ihrem Pfarrer nun doch nicht gönnen - nicht mal an der Fasnet.

Vom Mitleid des Sünders

Es war Beichttag der Kinder, damals, als „man noch beichten ging."

Ich saß auf der einen Seite der Kirche, Kollege Kneer auf der anderen. Bei mir strömten die Kinder, bei ihm war kaum jemand. Es waren diesmal halt meine Fans.

Da kam ein kleiner Bub zu mir. Er machte seine Sache gut und gelobte Besserung. Anschließend verrichtete er in meiner Sichtweite seine Buße. Er schien unruhig zu werden, blickte einmal zu mir und mal zum Kollegen hinüber. Langsam rückte er auf die andere Seite und plötzlich war er dort im Beichtstuhl verschwunden. Also doch ein großer Sünder, der kleine Bub!

Ich geb' es ja zu, die Neugierde plagte mich schon. "Ganz zufällig" traf ich den Buben anschließend im Windfang der Kirche. „Na Kleiner", sagte ich, „hat es Dir bei mir nicht gefallen, weil Du noch zum Pfarrer Kneer in den Beichtstuhl bist."

„Nein, nein," sagte er, „alles in Ordnung, aber Pfarrer Kneer war halt so allein." Dieses Mitgefühl des Herzens hat sicher alle Schuld getilgt.

Asterix auf dem Härtsfeld

Wer kennt sie nicht, die Geschichte um den pfiffigen Gallier und seinen Freund Obelix, die damals in Gallien wohnten?
Doch so weit müssen wir gar nicht gehen.

Wir befinden uns im Jahr 1997 n. Chr.
Ganz Deutschland und alle deutschsprachigen Gebiete sind vom neuen "Gotteslob" inspiriert und stehen unter seiner Herrschaft....   Ganz Deutschland?
Nein! Ein von unbeugsamen Härtsfeldern bevölkertes Dorf hört nicht auf, diesem fremden Eindringling Widerstand zu leisten. Es ist nicht leicht für die Verfechter des "Gotteslobes", Fuß zu fassen, die als Besatzung in den Lagern Nattheim, Fleinheim, Oggenhausen, ja auch in Neresheim liegen und dort aus voller Kehle die neuen *schrägen* Lieder singen, *die jeglichen musikalischen Gesetzen widersprechen und mit ihren disharmonischen Melodien selbst die Hunde des Härtsfelddorfes zum Heulen bringen.*
Der Druide Klausio aus Nattheim versucht vergeblich, Troubadix und Organix zu diesen neuen Tönen zu bewegen, doch die Schlachtreihe des Chores unter der Leitung von Alfonso, dem Organix wehrt sich vehement gegen die neuen *schrägen* Lieder, die so wenig härtsfelderisch klingen, dass man lieber zum alten Gesangbuch und zum blauen Ergänzungsheft greift. Manchmal kommt sich der Druide vor wie Troubadix im gallischen Dorf, der gefesselt und geknebelt an einen Baum gebunden wurde.

Wie gesagt, ganz Deutschland und alle deutschsprachigen Länder singen die Lieder des neuen Gotteslobs, nur das kleine Dorf auf dem Härtsfeld leistet *gegen die neuen disharmonischen Lieder* mutigen Widerstand.

Zweite Fassung
von Organix verändert und genehmigt

Bloß nichts verderben lassen

Es ist üblich, dass das Messkännchen mit dem Wein nicht ganz voll gemacht wird, erstens, damit der Ministrant weiß, wo der Wein drin ist und zweitens, weil der Pfarrer immer nur ein Schlückchen davon trinkt. Bei mir war das Weinkännchen immer ganz gefüllt und wiederholt mussten die Ministranten dran schnuppern, um sich zu vergewissern, dass ich auch wirklich Wein in den Kelch gieße. Es rief oft Schmunzeln beim frommen Publikum hervor, wenn die Ministranten sich im Angesicht aller das Kännchen zum Schnuppern reichten und dann doch nicht sicher waren, ob es Wein oder Wasser war und wenn daraufhin ich als Pfarrer die gleiche Prozedur unternahm. Vorsichtig machte ich den Mesner darauf aufmerksam, dass ich nicht so viel Wein brauchte. Knitz sagte er darauf: "Das habe ich schon lang gemerkt, aber glauben sie mir, ich schütte nichts aus." Dreimal dürft Ihr raten, was er mit dem restlichen Wein machte und warum die Flasche immer wieder so schnell leer war. Es war ein schwäbischer Mesner.

Wie doch so schnell die Zeit vergeht

Das Brevier, das verpflichtende tägliche Gebet der Priester, spielte früher eine ganz große Rolle, und weil die Pfarrer bei aller Arbeit bei diesem Gebet oft nicht nachkamen, nützten sie freie Stunden, um mit dem Gebet auch Tage vorauszueilen, um später wieder Luft zu haben, wenn keine Zeit für das Brevier blieb. Antizipieren nannte man dies und es war allgemeiner Brauch, auch wenn es nicht unbedingt dem Sinn des Betens entsprach.

Welche "Blüten" dies trieb, lernte ich bei einem Besuch im Kloster Marienhügel kennen.
Ich schritt mit dem Prior durch den Kreuzgang und dort trafen wir den alten Pater Gregor, der im Kloster nach einem langen Missionarsleben seinen Ruhestand verbrachte. "Na, Pater Gregor," begann der Prior das Gespräch, "jetzt kommt dann bald Weihnachten!" "Ja, ja," entgegnete der, "mir macht das nichts aus, ich bin mit dem Brevier schon bei Ostern."
Da bereitete sich die Christenheit auf die Geburt Jesu vor und Pater Gregor hatte ihn beim Breviergebet schon sterben und auferstehen lassen.
Wie schnell doch die Zeit vergeht?!

Von der Weisheit vatikanischer Beschlüsse
Die spinnen, die Römer

Wieder mal hatten die Vatikanbürokraten zugeschlagen und dies noch mit der Unterschrift des glorreich regierenden Papstes Johannes Paul II.

Im November 1997 erließen sie eine unsägliche "Instruktion über die Mitarbeit der Laien." Um das Priesteramt möglichst hoch zu hängen, haben sie gegen alle praktischen Erfahrungen die Laien zu Christen zweiter Klasse degradiert und wieder eine mittelalterliche Zwei-Stände-Kirche dekretiert. Den Laien wurde die Predigt verboten, wenn irgendein Priester anwesend sei, selbst wenn er die Landessprache nicht beherrscht, weil das Predigen alleiniges Vorrecht des Priesterstandes sei und niemand dachte daran, dass zur Zeit des heiligen Augustinus der damalige, ebenso glorreich regierende Papst sogar den Priestern das Predigen verboten hatte, weil das allein Recht des Bischofs sei. Augustinus hielt sich nicht daran und wurde heilig gesprochen. Der ungehorsame und dennoch heilige Augustinus bringt mich zum Nachdenken. Die Instruktion verlangt, dass bei einem Wortgottesdienst zu Beginn erklärt werden müsse, dass dieser Gottesdienst nicht zur Erfüllung der Sonntagspflicht genüge und die Gläubigen doch noch nach irgendeiner Messe zu suchen hätten. Dazu kamen noch andere "intelligente" Weisungen und Verbote.

Doch seit Asterix und Obelix wissen wir ja: "Die spinnen, die Römer." Jetzt sind wir gespannt, ob dies auch für unseren Bischof gilt.

Muss das sein?

Der Friedensgruß in der erneuerten Liturgie ist eine schöne Sache. Doch damit er nicht in Routine erstarrt, breche ich manchmal aus.

Es muss ja nicht immer so sein, wie damals, als ich einer befreundeten Frau ins Ohr flüsterte: „Frieden ist möglich, auch mit Dir!" Dieser blöde Satz hat ihr jede Andacht geraubt und sie in tiefe Zweifel gestürtzt. Lange habe ich gebraucht, dies wieder auszubügeln.

Einem kleinen Ministranten sagte ich mal: „Du musst nachher diesen Frieden auch Deiner Schwester geben." Verblüfft schaute er auf und fragte: „Muss das sein?"

Ja, Stefan, es muss sein, denn dies kann zum Ernstfall des Glaubens werden.

Mitfühlendes Brautpaar

Ich lege Wert darauf, dass die Brautpaare ihre Hochzeitsfeier selber gestalten. Nur bei den gröbsten Schnitzern greife ich ein.

Neulich kam ein Brautpaar und zeigte mir die selbst gestalteten Fürbitten. Unter Nr. 6 war da zu lesen:

"Wir beten für alle katholischen Pfarrer, dass sie auch bald heiraten dürfen, falls sie es möchten."

Das Mitgefühl des jungen Paares rührte mich, doch wir einigten uns darauf, diese Bitte nicht als Gebet zu äußern, was mich nicht davon abhielt, diese Bitte des Paares in der Predigt zur Freude des Publikums zu erwähnen.

Doch eine Frage blieb im Raum stehen:

Soll der liebe Gott eingreifen, wenn doch die Bischöfe es ändern könnten?

Kindliche Skepsis

Der Opa war plötzlich gestorben. Vorsichtig brachten die Verwandten der kleinen Enkelin bei: „Du, der Opa ist gestorben, jetzt ist er in den Himmel gegangen."
Skeptisch schaut die kleine Pia zum Himmel hinauf und fragt: „Glaubt ihr, dass er das schafft?"
Liebe Pia, wir glauben, dass der Opa das schafft, weil Jesus uns die Möglichkeit dazu gibt.

Wie mich Sieger Köder
beim Schreiben eines Leserbriefes sah.

Ja, wenn's hilft......

Ganz dringend wurde ich zu der alten Dame gerufen. Ich traf sie angstvoll im Bett liegend an. Sie starrte auf den Schlafzimmerschrank, deutete dorthin und sagte: "Dort sitzt immer der Mann mit den roten Backen." Hilflos schaute ich auf die Frau und auf den Schrank, doch den bösen Geist konnte ich nirgends sehen. "Kommen Sie, wir beten", sagte ich, "und dann segnen Sie die Wohnung aus", beschwor mich die alte Frau, die offensichtlich unter großer Geisterfurcht litt. Ich dachte bei mir: "Schaden tut es nicht und wenn es ihr hilft....!" Ich ließ mir vom Ehemann Wasser aus Altötting geben und wandelte spritzend durch die Wohnung und bat den guten Gott um Hilfe für die verängstigte Frau, die ich dann verließ, nachdem sie sich offensichtlich beruhigt hatte. Dabei stellte sich dann heraus, dass die Frau zur evangelischen Gemeinde gehörte.

Am Abend kam dann ein Anruf der evangelischen Pfarrerin: "Herzlichen Dank! Sie haben verhindert, dass die Frau in die Psychiatrie eingeliefert werden musste."

Wer hat es nun verhindert: Ich oder der große Gott? Im Dorf aber erging die Kunde, wie heilbringend doch mein Beten und mein Weihwasserspritzen sei, selbst bei einer evangelischen Frau.

Wein für Jesus

Der Kirchenchor hatte viel geprobt, dafür "saß" dann auch die Karfreitagspassion. Fast fehlerfrei konnte sie gesungen werden.

Alle waren froh. Alle verließen in Stille die Kirche. Nur der Vorstand kramte noch in seiner Aktentasche und zerrte eine Weinflasche hervor, um sie dem Solisten zu überreichen, der die Rolle des Jesus gesungen hatte.

Hatte er Mitleid mit dem "Mich dürstet?" oder hatte er bloß die Passion mit einer Aufführung verwechselt?

Ich befürchte das zweite.

Ihr Kinderlein kommet

Es war Taufe in Auernheim zur Weihnachtszeit. Nach der Predigt holte ich Eltern und Paten zum Taufstein. Das Kind wurde getauft. Dann entstand eine Pause, ein Lied wäre jetzt angebracht, dachte ich, doch geplant war keines.

Ich wandte mich an den Organisten: "Herr Ganzenmüller, wir brauchen jetzt ein Lied!" "Kein Problem," tönte es von oben und die Orgel spielte mächtig auf. "Ihr Kinderlein kommet," sang die ganze Gemeinde kräftig, nur der Kindsvater schwieg. Das war ihm doch nicht ganz geheuer. Ich hatte Verständnis dafür und seither plane ich die Tauflieder sorgfältiger.

Die gute Tat

Ich hatte eine Großtante, die sicher einst wegen ihres Geizes aus Schottland ausgewiesen worden war. Einmal brachten wir der alten Dame eine Schüssel mit Erdbeeren, die in gezuckerter Milch eingelegt waren. "O, das war gut," schwärmte sie, "die Milch habe ich getrunken und aus den Prestlingen habe ich Gsälz (Marmelade) gekocht!"

Aber das wollte ich eigentlich nicht erzählen.

Ich war Theologiestudent, keine Mark hatte ich zuviel und da überreichte mir meine Tante eines Tages 3 DM und sagte: "Hier hast Du 5 Mark", und auf meinen erstaunten Blick hin, ergänzte sie: "2 Mark habe ich bereits der Kirche gespendet, jetzt hast Du eine gute Tat und ich auch!"
Gegen die Logik war nichts einzuwenden, auch wenn mir 5 Mark lieber gewesen wären.

Trinkgeld wörtlich genommen

Trinkgeld nehmen ist eine erfreuliche Sache, Trinkgeld geben weniger. Manche Friseurstasche ist ausgebeult, weil dankbare Kunden immer wieder hineingreifen, um dort etwas hineinzulegen.

Doch wohin steckt man einem Pfarrer das Trinkgeld, wenn man mit seinem „Service" zufrieden ist? Er ist ja dankbar für jede Spende, die er der Renovierung von Bau und Herzen zukommen lassen kann.

Sehr erstaunt war ich, als ich nach einem Besuch mit der Krankenkommunion im Kreiskrankenhaus Aalen in den Speisekelch griff und statt der Hostie ein Fünfmarkstück in der Hand hielt. Peinlich, wenn ich gesagt hätte: „Seht das Lamm Gottes..." und dabei die "Geldhostie" präsentiert hätte. Da hatte eine fromme Seele den Begriff „Trinkgeld" zu wörtlich genommen und das Geld in einem unbeobachteten Augenblick gleich in den Kelch geworfen.
Es war aber ein Speise-kelch, kein Trink-kelch.

Ökumene mit Hindernissen

In Ludwigsburg hatte sich die schöne Tradition eingebürgert, dass die geistig behinderten Kinder von ihren Religionslehrern gemeinsam auf die Erstkommunion und die Konfirmation vorbereitet wurden, denn die konfessionelle Abgrenzung hatte da wenig Sinn.

Gemeinsam feierten wir dann immer dieses Fest in einem ökumenischen Gottesdienst mit bewusst katholisch und evangelisch geprägter Mahlfeier. Die Kinder und die Erwachsenen sollten sich in ihrer Tradition wiederfinden und doch die Gemeinsamkeit erleben. Diese Feier war jedes Jahr so schön und "dicht", dass ich immer dafür sorgte, dass diese Feier am Schluss der traditionellen Erstkommunionzeit blieb, damit auch für mich eine schöne Erinnerung alles Vorherige überdecken konnte.

Doch am Gründonnerstag eines Jahres hatte im Ordinariat jemand nichts Besseres zu tun, als mir einen Brief zu schreiben, und diese Feier zu untersagen, weil sie "ecclesial nicht tunlich" sei. Da ich mit diesem Begriff nichts anfangen konnte, lud ich den betreffenden Herrn zur Erstkommunion und zur Konfirmation ein und obwohl er uns die Gnade seines Erscheinens nicht gönnte, feierten wir fröhlich jedes Jahr wieder. Ein Bild davon hat sich dann auch in ein evangelisches Religionsbuch verirrt, und heute noch gilt dies als Musterbeispiel für Ökumene. Jener Gründonnerstagsschreiber aber hat sich nicht mehr gerührt. Vielleicht arbeitet er jetzt am Gründonnerstagsbrief des Papstes in Rom mit.

Die kalte Kirche

Die neuen Ministranten wuselten durch die Sakristei. Marianne, die Gemeindereferentin, wollte Ordnung hineinbringen und fragte sie, was einen Ministranten von außen her von den anderen Gottesdienstbesuchern unterscheide. „Kutte, Kreuz und Bändel", waren bald gefunden. „Doch auch 'drunter' müßt Ihr noch was haben", forderte Marianne zum Nachdenken auf. „Einen dicken Pullover!" rief einer der Neuen, dabei wollte Marianne nur hören, dass auch ein bereites Herz zum Ministrieren gehöre. Doch die Jungs und die Mädchen wussten auch um die Schwierigkeiten unserer kalten Kirche.

Als dann im Gottesdienst in einem Gebet davon gesprochen wurde, dass Gott auf unser Herz sieht, musste ich diese Geschichte dem frommen Publikum zum besten geben, damit es mein Schmunzeln richtig deuten konnte. Da sprang ein kleiner Ministrant auf und rief laut: „Ich war es nicht, der dort war es!" Und ein langer Finger zeigte auf den, der sicher öfters schon, als der mit dem langen Finger, in unserer Kirche gefroren hatte.
Kleiner, auch du kommst noch dran, dachte ich, du musst nur öfters in die Kirche kommen.

Lasst die Kinder zu mir kommen....

Mit Kindern kann man wunderschön Gottesdienste feiern. Sie sind noch nicht so verklemmt wie viele Erwachsene.

Bei Papa Renz habe ich das gelernt. Und so stehen wir um den Altar und singen und beten und klatschen in die Hände, die Kinder sind mit Feuereifer dabei und scheinen zu begreifen, dass sie vom guten Gott geliebt und von Jesus eingeladen sind. Doch vor der Kommunion muss ich sie - der Tradition gemäß - in die Bänke zurückschicken. Ich empfinde das mehr und mehr als Belastung.

Haben die Kinder denn nicht mehr begriffen als viele Erwachsene? Sollte ich nicht, wie ein Nachbarkollege es konsequent macht, jedem Kind, das nach vorne kommt, auch das Heilige Brot reichen? Ich bin der Überzeugung, Jesus hätte es gemacht.

Der Machtkampf

Es war in der Vorabendmesse. Der Organist spielte mal wieder (zu) langsam, ich war ungeduldig. Das sollte doch schneller gehen und so sang ich auch. Am nächsten Morgen plagte mich mein Gewissen: „Hoffentlich singe ich heute nicht zu schnell," versuchte ich ein Gespräch mit dem Organisten. „Das macht nichts," verkündete der fröhlich, „ich haue einfach ein paar Register mehr rein, dann höre ich sie nicht mehr." Ja, da kann auch ich nichts mehr machen....

Kaum zu glauben, aber wahr

Ich war im Urlaub. Da rief eine Braut an, deren Hochzeit nach meinem Urlaub geplant war. Mit Margret entspann sich folgender Dialog.

- „Warum muss der Pfarrer auch jetzt im Urlaub sein?"
- „Er hat auch ein Recht dazu."
-„Ja, aber ich will doch heiraten und soll den Liedzettel machen. Sagen Sie mir wenigstens, wie lange das dauert. Wir haben den Kirchenchor und die Blasmusik?"
- „Mit einer halben Stunde müssen sie schon rechnen."
- „Ist da auch die Kommunion dabei?"
- „Das müssen doch Sie wissen, was haben Sie denn mit dem Pfarrer ausgemacht, die Brautmesse oder einen Wortgottesdienst?"
-„Bei uns im Dorf nimmt man immer das Längere. Aber sagen Sie, Wortgottesdienst, was ist denn das? Ist da die Kommunion dabei? Wissen Sie, wir haben das mit einer Dreiviertelstunde bestellt. Was ist das, was eine Dreiviertelstunde dauert?"

Bei diesem Dialog verschlug es sogar Margret die Sprache, und das will was heißen.

Die Vergessenen

Die Zukunft hatte uns eingeholt. Im Jahr 1984 erschien im Auftrag des Bischöflichen Ordinariates ein "Verzeichnis der Geistlichen von 1874 bis 1983." Fein säuberlich war darin aufgelistet, welcher Geistliche in unserer Diözese im angegebenen Zeitraum wann wo was gewesen war.

Doch welche Verblüffung, als sich herausstellte, dass alle Kollegen herausgelassen waren, die - aus welchen Gründen auch immer - ihr Amt aufgeben hatten. Fatal erinnerte mich das an den Roman von George Orwell "1984", in welchem die Wahrheitskommission in regelmäßigen Abständen die Geschichtsbücher und Dokumente durchforstet, um unliebsame Wahrheiten auszumerzen. Ich begann mich meiner geliebten Diözese zu schämen und brachte dies auch beim Ordinariat vor. Doch dort stieß ich auf absolutes Unverständnis.

Darauf verfasste ich eine Ergänzungsliste der "Vergessenen" (immerhin 74 Mitbrüder von 1950 bis 1976) und streute diese so breit wie möglich unter den Kollegen. Weil tatsächlich einer vergessen worden war, der sich jetzt auf meiner Liste bei meist verheirateten Priestern wiederfand, erhob er Protest und ich erhielt einen scharfen Brief des Generalvikars wegen meiner Eigenmächtigkeit. Doch im Jahr 1993 kam dann schließlich ein neues Buch, welches auch alle ehemaligen Kollegen enthielt. Wenigstens bei uns wurde die Orwellsche Wahrheitskommission abgeschafft.

Die Zukunft hat bereits begonnen

Im Oktober 1998 war ich Pfarrer von 8 (in Worten: acht) Pfarreien. Zwei Nachbarkollegen waren im Urlaub bzw. bei einer Weiterbildung. Ich war Amtsverweser von Dischingen, Ballmertshofen, Trugenhofen, Eglingen, Dunstelkingen, Demmingen und natürlich regulärer Pfarrer von Nattheim und Auernheim. Wenn jetzt 2 Leute zur gleichen Zeit sterben und beerdigt werden sollen, dann tritt die Verwesung in Kraft. Jetzt weiß ich endlich, woher der Name "Amtsverweser" kommt.

Doch das ist die Zukunft, wenn die Bischöfe weiterhin nichts tun.
Als erste Amtshandlung bin ich nach Dunstelkingen in den Pfarrgarten gefahren und habe zwei Putzeimer voll Walnüsse gesammelt.
Lieber Georg, Pfarrer von Dunstelkingen, Dankeschön!

Seelsorge am Nachmittag

Es war Montag, der freie Tag des Pfarrers und ich war auf der Pastoralkonferenz des Dekanates. Margret hütete das Haus und das Telefon.

Da kam der erste Anruf: "Ich muss dringend den Pfarrer sprechen!" - „Der Pfarrer ist heut nicht mehr zu erreichen!"

„Ja aber, ich muss ihn dringend sprechen, er muss eine 30-Tage-Messe halten und das muss noch in die Mitteilungen, wenn die Messe später kommt, dann sind doch die 30 Tage vorbei, das gilt doch dann nicht mehr!"

Margret war fassungslos, denn von einer 30-Tage-Messe hatte sie noch nie was gehört und sie ist doch auch katholisch. „Glauben sie doch nicht, dass der große Gott da oben sitzt und Tage zählt," war dann schließlich ihr Versuch, die Situation zu bewältigen. Ganz hat sie es nicht geschafft, denn am nächsten Tag kam bei mir die gleiche Frage an mich nochmals.

Der zweite Anruf kam kurz danach: „Ich muss dringend den Pfarrer sprechen!" „Der Pfarrer ist heut nicht mehr zu erreichen!" „Ja aber, ich muss ihn dringend sprechen.!"

„Kann ich Ihnen helfen?", fragte Margret einfühlend.

„Ich versuch es mal. Sagen sie mir, was passiert, wenn bei der Goldenen Hochzeit einer der beiden 'Nein' sagt?"

Sprachlosigkeit, sogar bei Margret. Da sie den jungen Mann kannte, meinte sie: „Es betrifft doch sie nicht, sie sind noch nicht so lang verheiratet!" „Aber meine Eltern, die Mutter wollte doch schon lang davonlaufen und jetzt sollen sie die Goldene Hochzeit feiern! Was passiert, wenn die Mutter dann 'Nein' sagt." Verzweifelter Versuch von Margret, dem jungen Mann klarzumachen, dass niemand die Eltern zur goldenen Hochzeit in die Kirche schickt und dass dort auf jeden Fall nicht mehr gefragt wird. „Doch in Bayern ist das so. Wenn sie nicht mehr gefragt werden, warum gehen sie dann in die Kirche?" „Die gehen doch in die Kirche zum Danken und Bitten." „Ja, die haben aber doch nichts zu danken!" Das Gespräch zog sich noch lang hin, und jetzt warte ich auf den Anruf des jungen Mannes.

Der dritte Anruf ließ nicht allzu lang auf sich warten: „Ich muss dringend den Pfarrer sprechen!" – „Der Pfarrer ist heut nicht mehr zu erreichen!" – „Ja aber, ich muss ihn dringend sprechen." Und dann sprudelte die Person los: „Ich habe mich dem Teufel verschrieben, mit meinem Blut habe ich geschrieben, dass ich ihm gehöre, das muss ich doch dem Pfarrer erzählen." Lange und geduldig erklärte ihr Margret, dass der große Gott stärker sei als der Teufel und sie deshalb keine Angst zu haben brauche.

Jetzt weiß jeder, was eine Pfarrhausfrau zu tun hat, wenn der Pfarrer nicht zu Hause ist. Ich auf jeden Fall bin dankbar, dass Margret im Pfarrhaus die Stellung hält.

O Gott, Herr Pfarrer

Wenn Eltern ein Kind zur Taufe anmelden, dann mache ich immer einen Hausbesuch. Neulich sollte ich zu Familie K. in den Narzissenweg 5. Es war bereits dunkel und es regnete dauerhaft. Das Haus Nr. 7 fand ich gleich und auch die Nummern 10 und 12. Doch da die Nattheimer auf sichtbare Hausnummern kaum Wert legen und die Gemeindeverwaltung die Nummerierung nicht unbedingt nach logischen Gesichtspunkten vergibt, machte ich mir keine Sorgen, sondern fuhr langsam die Straße ab. Keine Nr. 5 zu sehen. Schließlich klingelte ich an Haus Nr. 7 und fragte die Hausfrau, ob sie eventuell die Nr. 5 kenne. Doch da war Fehlanzeige, denn daneben stand nur Nr. 1. Da die Zeit drängte, wollte ich rasch telefonieren, doch Familie K. stand auch nicht im Telefonbuch. „Vermutlich sind die neu zugezogen," meinte die Frau. Das war sicher die Lösung. Gegenüber war ein Neubau ohne Nummer. Ich stapfte hinüber und mir hing nicht nur die Zeit, sondern auch der Regen im Genick. Das junge Paar war evangelisch, doch sehr hilfsbereit, aber Familie K. war unbekannt und die Nr. 5 auch, denn hier war Nr. 8. Eine Familie mit einem Baby würde ich suchen, doch da waren nur Zwillinge in der Gegend und die waren evangelisch. Ich wollte nicht aufgeben, denn ich hatte doch schließlich den Termin fest ausgemacht. Schließlich fand ich auch ein Haus Nr. 5, doch das gehörte einer anderen Straße an, wie mir der Mann an der Türe freundlich erklärte. Jetzt ging ich zu Fuß und ohne Regenschirm die ganze

Straße nochmals ab. - Keine Nr. 5 zu entdecken und natürlich auch nicht die Familie K.

Da rief plötzlich der Bewohner von Nr. 8 mir zu:

„O Gott, Herr Pfarrer, denken Sie doch mal nach, sind Sie nicht auch der Pfarrer von Oggenhausen? Dort gibt es auch einen Narzissenweg."

Das war die Lösung. Nass und verspätet kam ich dann dort an und lehnte den Schnaps nicht ab, den man mir anbot. Es wurde ein fröhliches Taufgespräch.

Nr. 8, ich danke dir! Schade, dass du evangelisch bist.

Die billige Hochzeit

Bei einer Hochzeit müssen und dürfen die Brautpaare die Liturgie gestalten, und ich versuche nur die größten Peinlichkeiten zu unterbinden, etwa, wenn ein Paar nach langjährigem Zusammenleben will, dass der Vater die zart errötende Braut dem sehnsuchtsvoll schmachtenden Bräutigam unter „Treulich geführt" in der Kirche zuführt und sie damit in sein Eigentum übergibt.

Neulich trat ein Sänger auf, der einen englischen Song dem geneigten Publikum zu Gehör brachte, und weil man nichts verstand, wurde auch die Übersetzung im Liedblatt der Trauung gleich mitgeliefert. Der Refrain lautete: "Oh oh oh, Küsse sind süßer als Wein." Nach dem sechsten Mal kommentierte ein Hochzeitsgast: "So kann man es auch machen, dann wir die Hochzeitsfeier in der Wirtschaft billiger!" Es war eine schwäbische Hochzeit.

...... aber nicht in Nattheim

Ein Kommunionkind aus Oggenhausen rebellierte dagegen, dass die Feier der Erstkommunion in der Pfarrkirche in Nattheim sein sollte. Vorsichtig versuchte die Mutter auf das Wesentliche dieses Festes hinzuführen. Sie begann: „Du glaubst doch an Gott..." Weiter kam sie nicht. Protestierend rief der Sprössling: „Aber net en Nattheim!" Wobei man wieder spürt, wie bodenverhaftet der Glaube doch sein kann.

Ist Gott wirklich für alles zuständig?

Beim Schülergottesdienst sammle ich immer die Gebets-anliegen der Kinder ein. Besonders oft beten wir für die Armen und für die Hungrigen und für die, welche keine Wohnung haben. Alles wird dem guten Gott vorgetragen und damit nicht die Meinung entstehen kann, er müsste das alles ohne Zutun der Menschen machen, füge ich zum Beispiel ein: Gib uns ein offenes Herz und helfende Hände.

Was tu ich aber, wenn der kleine Jakob partout für das Pferd beten will, das ein Junges im Bauch hat? Wir beten halt „für das Pferd und für alle Muttis, die ebenfalls ein Junges im Bauch haben." Der Jakob ist zufriedengestellt und meine Theologie auch, bloß an die real anwesende schwangere Frau habe ich nicht gedacht, die mit einem trächtigen Pferd in einen Topf geworfen wird. Aber auch das wird Gott sicher richtig machen und die Mutti wird es mir verzeihen, wenn sie anschließend ein gesundes Kind kriegt und wenn auch das Fohlen gesund ist.

Ein frommer "Herr"

Seit einigen Tagen bin ich besonders fromm, so sieht es wenigstens aus. Jedesmal, wenn ich das Haus verlasse, schlage ich ein großes Kreuzzeichen. Das kam so:

Mehrmals musste ich entdecken, dass ich mit offenem Reißverschluss an der Hose durch die Gemeinde wandelte. Kein Mensch getraute sich zu sagen: „Herr Pfarrer, es zieht." Zu jedem anderen hätte man es gesagt; doch beim Pfarrer......?

Jetzt mache ich unter der Haustür ein großes Kreuzzeichen: „Im Namen des Vaters (habe ich die Brille auf?) und des Sohnes (ist der Hosenladen geschlossen?) und des Heiligen Geistes (sind Brieftasche und Kalender an der richtigen Stelle?). Amen."

Dies sei zur Nachahmung empfohlen: Nie mehr Brille und anderes vergessen und alle sagen: „Einen frommen Herrn haben wir."

Gebranntes Kind scheut das Feuer

Eine junge Frau kam weinend und völlig aufgelöst zu mir: Es ging nicht mehr mit ihrem Mann, dem Hans. Sie wollte sich scheiden lassen. Als christkatholische Frau aber wollte sie nicht einfach davonlaufen, sondern eine Ungültigkeitserklärung durch die Kirche. Sie hatte auch einiges vorzutragen, welches darauf hinwies, dass bei der Eheschließung etwas nicht in Ordnung war. Ich aber war gegen eine Trennung: erstens weil ich die Partnerschaft der beiden durchaus nicht am Ende sah, sondern nur eine Lebenskrise entdeckte und zweitens weil ich gegen diese Form der "Scheidung auf katholisch" bin. Deshalb wollte ich der Frau die Flausen austreiben. Da ich gerade vom Ehegericht der Diözese zum Vernehmungsrichter in einer anderen Ehescheidungssache bestellt war und dazu einen Protokollführer brauchte, bat ich die besagte Frau um diesen Dienst. Ich vereidigte sie und die zu vernehmende Person und begann die vom Ehegericht ausgetüftelten Fragen zu stellen: „Wann haben Sie zum ersten Mal Geschlechtsverkehr gehabt?" „Wenn ja: Ist das männliche Glied ganz eingedrungen? usw. usw.?" Pflichtgemäß wurde meine Protokollantin feuerrot, doch brav protokollierte sie die Antworten auf diese Fragen. Niemals aber begehrte sie mehr eine Scheidung auf katholisch und brauchte deshalb auch solche Fragen nicht zu beantworten. Gebranntes Kind scheut das Feuer, und die Ehe der beiden war dann doch noch recht harmonisch und da sie nicht gestorben sind, so geniessen sie sicher heute noch die Liebe und das Leben miteinander. Ob die junge Frau jemals begriffen hat, was ich damals mit ihr angestellt hatte?

Der Riebeleskopf
oder: der Hochmut des Pfarrers

Sonntag für Sonntag hing sein Kopf von der Empore.

Sonntag für Sonntag schaute ich zu ihm hinauf.

Sonntag für Sonntag fragte ich mich, was er wohl von Gottesdienst und Predigt mitbekam.

Sonntag für Sonntag verkniff ich mir, den Witz von dem Pfarrer zu erzählen, der sich beschwerte, dass er doch Pfarrer und nicht Metzger sei (wegen der vielen Sauköpfe, die von der Empore herabhingen).

Sonntag für Sonntag stützte er scheinbar unbeteiligt sein Kinn in die Faust und blickte auf "das Geschehen" herab, ohne sich jemals an einem Lied zu beteiligen.

"Riebeleskopf" nannte ich ihn, denn seinen Namen kannte ich nicht. Dann an einem Werktag stand er plötzlich vor mir, holte sein Sparbuch heraus und entnahm ihm 1000 Mark, die er eben von der Bank abgeholt hatte. „Das ist für die Kinder in Afrika!" sagte er bescheiden. Seither schaue ich den Riebeleskopf mit anderen Augen an und schäme mich meines Hochmuts. Ein ganz einfacher Bauarbeiter hat mich belehrt.

Biologie: sehr gut

Wir sangen lautstark das Lied Nr. 261 "Den Herren will ich loben...", eine Neudichtung des Magnificat.

"An mir und meinem Stamme hat Großes er vollbracht", so heißt es im Gotteslob, doch die kleine Ministrantin sang: "An mir und meinem Manne hat Großes er vollbracht, und heilig ist sein Name, gewaltig seine Macht."

Warum auch nicht, oder war das Unglaube oder einfach bessere Kenntnis der Biologie? Ich habe die Ministrantin noch nicht gefragt, aber auch nicht aufgeklärt.

Verräterische Frage

Schon vor über einer Woche war ich aus dem verdienten Urlaub zurückgekehrt. Da sprach mich ein Kirchengemeinderat an: "So Herr Pfarrer, sind sie auch wieder da! Dann können wir uns ja am Sonntag wieder sehen?"

Vorsichtig machte ich ihn darauf aufmerksam, dass ich schon sonntags zuvor "wieder zu sehen" war.

"So verrät man sich", meinte er, leicht rot werdend und sein Sprössling - ein Ministrant - sorgte dafür, dass es die ganze Familie schadenfroh zur Kenntnis nahm.

Die geklaute Frömmigkeit

Dass einer Süßigkeiten klaut oder ein Fahrrad, das kann man ja in der Zeitung lesen. Doch kann man auch Frömmigkeit klauen?

Herr Sowieso war gestorben und ich machte einen Hausbesuch, um über die Beerdigung zu sprechen. Wie immer - meist ergebnislos -, fragte ich nach einem Gebet, einem Lied, das dem Verstorbenen oder der Familie wichtig sein könnte. Wie immer wird mir der Verstorbene als besonders fromm geschildert, auch wenn ich ihn nie in der Kirche entdeckt hatte.

Zu meiner Überraschung brachte die Witwe ein kleines Ringbuch mit Gebeten und wies auf eines davon, das dem Verstorbenen besonders wichtig gewesen wäre. Beeindruckt blätterte ich das Büchlein durch und entdeckte ganz hinten die herausgerissene 1. Seite mit dem Eigentumsvermerk der Klinik, in welcher der Verstorbene gewesen war. Seine Frömmigkeit ertrug es nun doch nicht, auf der ersten Seite immer wieder mit dem Eigentumsstempel konfrontiert zu werden.

Ich denke, der liebe Gott hat ihn auch mit seinem geklauten Gebetbuch aufgenommen, und die Klinik kann es verkraften. Nur Schule machen sollte das nicht.

Greifbarer Erfolg

Nach der Taufe am Sonntagnachmittag stürmte die Patin in die Sakristei und bedankte sich bei mir in Form einer 60 cm langen Hartwurst. Ach, roch die herrlich, doch sie sollte noch mindestens 14 Tage abhängen, wurde ich ermahnt.

Mit vor Stolz geschwellter Brust und Wurstkeulen schwingend betrat ich das Pfarrhaus und legte die Ausbeute meiner Proviantverwalterin vor die Füße bzw. auf den Tisch. Ihr Kommentar war: „Endlich sieht man etwas von Deiner Arbeit! So kannst Du weitermachen!"

An mir liegt es nicht!
Hallo, Ihr Nattheimer: An mir liegt es nicht!
Soll ich dazu einen Aufruf im Gemeindeblatt machen?

Dirigieren und/oder Autofahren

"Gott – hilf!" betete ich in Ludwigsburg wenigstens einmal in der Woche, wenn Gotthilf Fischer nach der Chorprobe den schmalen Zugang zum Parkplatz am Pfarrhaus rückwärts hinter sich gebracht hatte. Jedesmal rasierte er mit seinem schweren Mercedes die Blumenrabatte ab, die ich so sorgsam pflegte.

Man sollte nicht bloß dirigieren, sondern auch rückwärts fahren können. Wenigstens verführte er mich wöchentlich einmal zu einem frommen Gebet. Das brachte bislang nicht mal der Bischof fertig.

Das ist einfach unfair

Seit mein Bruder Ewald Koch bei der Pfundskur ist und immer mal wieder im Fernsehen auftaucht, muss ich mir so dumme Bemerkungen gefallen lassen, wie: "Sie sehen dem aber arg ähnlich!"
Ich gebe hiermit der ganzen Öffentlichkeit kund und zu wissen, dass nicht ich ihm, sondern er mir ähnlich sieht. Doch eine kleine Rache habe ich, denn weil bei ihm das Abnehmen sooo leicht fällt, schauen alle sehr skeptisch auf meinen Bauch und damit hoffentlich auch auf seine Versprechungen. Pfundskur, dass ich nicht lache. Meine Pfunde bleiben trotz Ewald, der mir so gleich sieht.

Eine Marienerscheinung

Es war in der Fastenzeit. Ich feierte mit einer kleinen Gemeinschaft am Donnerstag abend die Messe. Zur üblichen Besucherschar hatten sich diesmal ein paar kleine Kinder und eine Ordensfrau auf Heimaturlaub gesellt. Die Lesung verkündete den versöhnenden Gott, der ssich immer wieder um die Menschen kümmert und weil die Kinder da waren, sangen wir trotz Fastenzeit das Halleluja.

Nach der Messe wollte ich die Ordensfrau noch persönlich begrüßen und ging zu ihr hin. Da fauchte sie mich an: "Heute ist Hochfest der Verkündigung mit Gloria und allem was dazu gehört. Auch ist heute mein Gelöbnistag. Als Sie mit der violetten Stola hereinkamen, konnte ich schon die ganze Messe vergessen. Maria wird es Ihnen übelnehmen!" So sprach sie und deutete auf die Fatima-Madonna hinten in der Kirche. Sicher, ich hatte den Festtag vergessen, weil mich der Lesungstext so fasziniert hatte, doch dann schaute ich auch zur Marienstatue. Und siehe, sie lächelte. Sie lächelt zwar immer, aber diesmal lächelte sie besonders intensiv. Hurra, Maria hat mir verziehen, auch wenn das die Nonne, die wie eine Furie aus der Kirche schoss, nicht mehr mitbekommen hat. Hoffentlich nimmt sie nicht so schnell wieder Urlaub - die Nonne.

Gesundheit ist das höchste Gut

Es waren im Schülergottesdienst wieder mal die Fürbitten dran. Viele meldeten sich und wir beteten zu Gott für die Armen und gegen den Krieg und für die Oma, die krank darniederlag. „Wir bitten dich, erhöre uns!"
Ganz vorne war ein Zweitklässler, der auch seine Bitte vortrug: „Lieber Gott mach, dass mein Opa bei dir im Himmel gesund bleibt."
Gott sei Dank konnte ich mir das Lachen verkneifen, denn ich bin sicher, dafür sorgt der große Gott garantiert. „Wir bitten dich, erhöre uns!"

Moderne Kids

Nach einer langen Trockenperiode im Sommer betete Julian im Schülergottesdienst: „Lieber Gott, lass es doch bald regnen, denn der Oma ihr Garten vertrocknet!"
Doch Karl-Heinz sah wohl sein geplantes Gartenfest davon schwimmen und betete deshalb: „Lieber Gott lass es nicht regnen, die Oma soll lieber gießen!" Theologisch blieb jetzt die Frage im Raum stehen, was wohl der liebe Gott macht.

Der letzte Wunsch

Herr M. lag im Sterben und er erbat meinen Beistand.
Ich eilte hin, um ihm die Krankensalbung zu spenden.
Seine Angehörigen umstanden das Bett. Herr M. war ein
eifriger Kirchgänger gewesen und so sagte ich zu ihm:
„Wir beten und singen jetzt..." Weiter kam ich nicht,
denn er unterbrach mich: „Aber bitte nicht so laut,
lieber schön singen!" Ich fühlte mich ertappt und meinte
zu seiner Frau: „Ja, das ist immer wieder mein Fehler!"
„Deshalb sage ich es ihnen auch," tönte es aus dem Bett
und sogleich stimmte er selber an: „Wer nur den lieben
Gott läßt walten." Seither singe ich ein wenig
"vorsichtiger" in der Kirche, denn dieser letzte Wunsch
ist für mich wichtig.

Schweigen ist Gold

Ich war bei der ersten Probe zur Erstkommunion nicht
dabei. Ich gehe nie dazu - doch das ist eine andere
Geschichte. Am nächsten Tag erzählten mir die Kinder:
"Es war schön, die Ursula (eine Mutter) hat den Pfarrer
gespielt. Die hat es gut gemacht, denn sie hat nix
gschwätzt!"

Ja, Herr Pfarrer, was schließt man daraus?
Vielleicht hat Margret doch recht, wenn sie sagt: „Du
solltest öfters 's Maul halte!"

Kindermund

Wir feierten miteinander die Messe. Zu Hause wurde das Mädchen gefragt, wer die Messe gehalten habe. „O," sagte sie, „das war ein alter Pfarrer mit weißem Bart." Schadenfroh erzählt mir das der Kollege Georg, und ich erkundigte mich zaghaft nach dem Alter des Mädchens. Fünf Jahre alt war sie. Jetzt schaute ich wieder zufriedener in den Spiegel.

Die Retourkutsche konnte ich ihm bald geben: Als er mich eines Tages beim Gottesdienst vertrat, äußerte der kleine Stefan: „Der Braden singt viel schöner, der andere Pfarrer singt ja wie der Troubadix." Ätsch!

Beim Schülergottesdienst sammle ich die Fürbitten. Ich erfahre, wer krank ist. „Wir bitten dich, erhöre uns!" Wir beten für alle, Kranke, Hungrige, Kinder, für Menschen im Krieg usw. Da meldet sich Jakob aus der 1. Klasse: „Heute beten wir auch für mich.... (Erstaunen allerseits!) ... Ich habe nämlich Schnupfen!" Wir beten zum guten Gott, für alle die Schnupfen haben: „Wir bitten dich, erhöre uns." Er hat uns erhört. In der Woche darauf war Jakob gesund.

An der neuen Stelle sollte noch vor Amtsantritt eine neue Pfarramtssekretärin eingestellt werden. Fairerweise lud mich der Kirchengemeinderat zum Vorstellungsgespräch ein. Drei Kandidatinnen stellten sich vor und wir entschieden uns gemeinsam für eine der Frauen. Kurze Zeit später stellte ich mich in der Schule vor. Da stürzte im Pausenhof ein kleines Mädchen auf mich zu und flötete zur Begrüßung: „Gell, Du bist der, der meine Mutter nicht gewollt hat." War ich jetzt also bei dem Mädchen schon abgeschrieben, weil ich die Mutter „nicht gewollt habe?"

Sie hat mir verziehen, denn ich habe mich mit ihr im Religionsunterricht gut verstanden, auch die Mutter hat es mir offensichtlich nicht nachgetragen.

Blauer Himmel

Ich hatte die Predigt rhetorisch gut vorbereitet. Es ging diesmal nicht um die Sünde, es ging um den Himmel.

„Und wo wohnt Gott?" fragte ich - Pause - weder ich noch die Gläubigen konnten eine Antwort darauf geben. „Und wie sieht der Himmel aus?" rief ich in die ehrfurchtsvoll schweigende Menge. „Blau!" kam laut und deutlich die Stimme des 6 jährigen Thomas. Seine Mama lief nicht blau, sondern rot an und alle freuten sich.

Am Ende der Messe bekam er öffentlich "a Schoklädle", denn diese aktive Teilnahme am Gottesdienst musste belohnt werden.

Herr, schmeiß Hirn ra!

Immer wieder bete ich inständig darum.

Als Teil unserer Missions- und Eine-Welt-Arbeit verkauften wir seit Jahren Wandteppiche, die von Indios aus den peruanischen Anden nach unseren Vorlagen gewoben wurden. Es war oft rätselhaft, wie diese Weber auch kleinste Feinheiten mit Wolle in die Teppiche bannen konnten.
Doch Wunder konnten sie auch nicht vollbringen und Hellseher gibt es auch in Peru nicht. "Wir brauchen einen Teppich für unsere Türe, er muss genau 72 cm breit und 1,80 m hoch sein." Das war noch eine sehr kleine Übung, doch was soll man machen, wenn ein Wandteppich fürs Schlafzimmer bestellt wird, der nicht rosa sein soll und keine Blumen haben darf und auch keine Indio-Motive. Doch auch dies brachten wir fertig.

Doch dann bestellte ein Pfarrer den Kirchenpatron und wir einigten uns auch auf das Bild eines zeitgenössischen Malers. Darauf deutet der Heilige mit einem großen überdimensionalen Schwert auf den Teufel, den es zu vernichten gilt.
Außerdem unterschrieb der Künstler sein Werk mit seinem Namen und der Jahreszahl. Ich war fasziniert, als ich das Ergebnis in Händen hatte. Es entsprach exakt der Vorlage, sogar der Künstlernamen war lesbar eingewoben. Ich wollte so gerne den Heiligen und damit den Teppich behalten, doch dann entsann ich mich,

dass ich ein guter Geschäftsmann sein wollte und schickte den Teppich weiter. Welche Überraschung, als ich dann telefonisch erfuhr, dass die "Kunstkommission" jener Pfarrei in Gestalt der Gemeindereferentin beschloss, den Künstler zu verbessern. Sie puhlte aus dem gewobenen Teppich den Künstlernamen heraus und verkürzte das Schwert, um anschließend den Teppich zurückzuschicken mit dem Auftrag, die Indios sollten auch noch den Kopf verkleinern und ein Band herum nähen.

Herr, schmeiß Hirn ra!
Ich weigerte mich, das ramponierte Kunstwerk überhaupt anzusehen und schickte es postwendend zurück. Vielleicht ist der Heilige jetzt ein Bodenlappen.

Träume gehen (leider) in Erfüllung

Seit langem trage ich einen Bart. Früher war er schwarz und voll, bis zur Kirchenrenovierung von St. Johann, dann wurde er ehrwürdig grau und war immer noch voll, bis ich eines Tages eine junge Mutti zu ihrem Kind sagen hörte: „Schau, was der Onkel Pfarrer für einen weißen Bart hat!"

Jetzt hielt ich den Bart kurz und weniger voll mit Hilfe eines Bart-Trimmers und dem dazu nötigen Aufsatz.

Immer wieder träumte ich davon, mir würde eines Tages der Haarschneider ausrutschen und eine Schneise in den Bart schlagen. Nie ist was passiert, bis ich kürzlich in aller Eile zum Scherapparat griff und mit ihm vom Hals zum Kinn fuhr. Leider hatte ich den Aufsatz vergessen und so kam es zur erträumten Schneise im Bartwuchs.

Ich verzichtete auf den Mittagsschlaf und eilte zum Notfriseur, der skeptisch fragte, ob es da noch was zu retten gäbe. Er tat sein Bestes! Ihm sei Dank! Doch ich konnte das Kinn nicht mehr hochnehmen und musste in demütiger Haltung vor die Menschen treten, weil sonst die kahle Stelle am Kinn sichtbar gewesen wäre. Wenigstens einmal sahen jetzt die Nattheimer, wie ihr Pfarrer mit demütig geneigtem Kopf durch die Gemeinde schlich.

Doch dies hielt nur 14 Tage an, bis Gras bzw. Haar über die Sache gewachsen war.

So ein Schreck

Bei einem Urlaubsaufenthalt feierte ich in einer kleinen abseits gelegenen Kapelle die Messe der kleinen Gemeinde mit.

Anschließend dünkte mir der Fußweg in mein Feriendomizil doch zu lang, vor allem, weil ich den Weg zur Kapelle im Schweinsgalopp zurückgelegt hatte, um nicht zu spät zu kommen. Genützt hatte es übrigens nichts. Deshalb passte ich eine Frau mit Auto ab, die auch im Gottesdienst gewesen war und bat sie, mich zum Zentralort mitzunehmen. Nach langem Zögern und einem prüfenden Blick auf mein Äußeres durfte ich schließlich einsteigen. Da sie damit offensichtlich gegen einen "Befehl" ihres Mannes verstieß, versuchte ich ihr die Sorgen zu nehmen und sagte: "Melden sie ihrem Mann, dass sie einen leibhaftigen Pfarrer mitgenommen haben."

Das hätte ich nicht tun sollen, denn das brachte sie so durcheinander, dass sie an der Straßeneinmündung nicht auf die Bremse, sondern aufs Gaspedal trat. Mit knapper Not konnte sie ihr Gefährt noch vor einem schweren Laster retten, der eindeutig die Vorfahrt hatte.

Anschließend versuchte sie mich zu überzeugen, künftig einen Priesterkragen zu tragen, dann würde dies nicht mehr passieren. Das Kollar trage ich immer noch nicht, doch ich habe auch nicht mehr versucht, bei frommen Gottesdienstbesuchern Anhalter zu spielen.

Volkes Stimme

Es war in einer Abendmesse mit den alten Frauen, die immer kommen und die Messe feiern. Wir redeten davon, dass die Zahl der Priester zurückgehe und dass deshalb große Seelsorgseinheiten gebildet werden müssten. Die Frauen schoben es auf die Unbeweglichkeit der Bischöfe und eine meinte: „Die Bischöfe sind doch sklavisch untertan. Sie haben sich doch selbst entmannt." Darauf fügte eine andere ganz trocken ein: „Da gibt es doch nichts mehr zu entmannen!"

Hört der Bischof solche Dinge auch?
Wird er mir glauben, wenn ich ihm dies berichte?

"God's own country"

Nicht nur das vielgelobte Amerika, sondern auch das Schwabenland ist "Gottes eigenes Land."
Da war Pater Heinrich auf Heimaturlaub gekommen. Viele Jahre war er in Afrika gewesen, um dort das Wort Gottes zu verkünden. Doch hier traf ihn der Herzschlag, er "himmelte" und wurde unter großer Anteilnahme seiner Heimatgemeinde zu Grabe getragen.
In der Traueranzeige der Gemeinde hieß es dann:

Gott der Allmächtige hat auf seinem Heimaturlaub Pater Heinrich zu sich gerufen.

Schade, dass der große Gott nicht zu einem anderen Zeitpunkt seinen Heimaturlaub im Schwabenland genommen hat. Vielleicht würde Pater Heinrich heute noch leben.

Die Wahrheit ergänzen,
oder ein Dienst der Liebe

Das Ordinariat forderte mal wieder eine Liste der Kommunionhelfer und -helferinnen an. Wahrheitsgemäß meldeten wir alle Personen, die in unseren Gemeinden diesen Dienst versahen. Manche haben vorher einen besonderen Kurs besucht, andere sind einfach in diese Aufgabe hineingewachsen.

Wochen später kam nachmittags ein Telefonanruf bei Margret an:

"Frau XY hat noch keinen Kurs gemacht, die ist bei uns unbekannt." "Das ist schon möglich," sagte Margret der unbekannten Ordinariatsstimme, "Frau XY kommt auch aus Eichstätt." "Frau BC ist uns ebenfalls nicht bekannt", insistierte die beflissene Dame am Telefon. "Ja, die kommt aus Würzburg," wusste Margret zu sagen. So ging es noch ein Weilchen weiter und Margret kramte alle bayrischen Diözesen aus ihrem Gedächtnis und die bischöfliche Bürokratie war dann auch zufrieden.

Das war nicht gelogen. Dazu ist Margret gar nicht fähig. Sie hat nur die Wahrheit ein wenig ergänzt, damit die Bürokratie in Rottenburg ihren Frieden findet. Es war halt doch ein Dienst der Liebe. Frau XY kommt tatsächlich aus Eichstätt.

Nattheim an der Blodder

Kennen Sie eigentlich die Blodder? Bei Blodder das „O"
nicht wie „Ochs" ausgesprochen, sondern schön
schwäbisch wie bei „oagnehm."

Also, wenn Sie die Blodder nicht kennen, so macht das
nichts, erlebt haben Sie die Blodder sicher schon öfters.

Denn die Blodder ist kein Bach und die Blodder ist auch
kein Fluß, die Blodder taucht immer dort auf, wo
Menschen viel, viel klüger sind als ihre ganze Umgebung
und wo sie das auch die anderen spüren lassen, selbst,
wenn alle Welt meint, dass es mit dieser Klugheit nicht
sehr weit her sein könne.

Deshalb habe ich die Blodder nicht nur in Nattheim
erlebt, sondern überall, wo ich bislang Pfarrer war, ja
vielleicht lag ich selber manchmal am Ufer der Blodder,
um mich zu sonnen.

Doch momentan lebe ich eben in Nattheim an der
Blodder.

Neulich gingen wir daran, die Seelsorgseinheiten zu
konzipieren, zu denen uns der Priestermangel zwingt, da
meinte jemand aus dem Härtsfelddorf Nattheim:

„Nein, zu den Härtsfelddörfern gehen wir nicht, wir
wollen zur Stadt!"

Wissen Sie jetzt, warum Nattheim an der Blodder liegt?

Koi Ahnung

Ein Garten braucht Pflege. Da macht der Pfarrhausgarten in Nattheim keine Ausnahme. Zwar ließ ich den Rasen zu einer komfortablen Wiese auswachsen, aber irgendwann sollte auch die gemäht werden. Da ich mit der Sense mehr den Boden umgrub und den Regenwürmern gefährlich wurde als dem wild sprießenden Gras, bat ich einen Bauern aus Auernheim, mir doch dabei behilflich zu sein. Um ihm die Arbeit schmackhaft zu machen erklärte ich ihm, es sei nur eine kleine Wiese, und die Arbeit sei schnell erledigt.

Doch ich bekam ein ganz schlechtes Gewissen, als ich merkte, wie lange er dazu brauchte, denn die kleine Wiese war doch größer als meine Ankündigung. Um mich zu entschuldigen, ging ich zu ihm und sagte: „Dass sie dazu so lange brauchen, hätte ich nicht gedacht!" Mein hart arbeitender Helfer wurde ganz blass und fragte sich und Margret: „Warum ist der Pfarrer mit mir nicht zufrieden, ich arbeite doch so schnell ich kann!" Und im Stillen dachte er: „Der hot koi Ahnung, was mir Baura schaffet!" Ich mischte mich nie mehr in die Arbeit eines Bauern ein, auch nicht, um mich zu entschuldigen.

Ein Jahr später gestand er mir, dass er das geschnittene Gras nur deshalb nicht mitgenommen habe, damit ich auch was zu tun habe.

Der Stilbruch oder Traditionsbruch

In Auernheim sind bei der Kollekte Nähkörbchen aus blauem Plastikgeflecht im Einsatz: Ein Stilbruch in dieser schönen Kirche! Außerdem versteckte sich das Geld immer wieder in dem eingenähten Futter und der heruntergerissenen Stoff-Abdeckung. Mich störte dieser Stilbruch und das Suchen nach den versteckten Münzen. Deshalb schaffte ich die notwendige Anzahl schön geflochtener Weidenkörbchen an und brachte sie zum Einsatz.

Das hätte ich nicht tun sollen, denn diese neuen Körbchen verstießen gegen die Tradition, außerdem konnte man sehen, was der Nachbar eingeworfen hatte. Das Kollektenergebnis brach ein und da ließ ich lieber wieder stilwidrig sammeln, denn in diesem Fall war mir das Ergebnis wichtiger als die Form. Da sage noch einer, ich sei nicht kompromissbereit.

Unberechtigte Sorge

Wir hatten die neue Computerorgel ohne bischöfliche Genehmigung angeschafft. Nun war sie zum erstenmal an Weihnachten im Einsatz.

Nach der Christmette stürzte Herr Sch. aufgeregt in die Sakristei und fragte: „Was ist mit der Orgel los? Ist die schon kaputt?" Ich konnte ihn beruhigen. Es war Jo mit seinem Fagott, der seine Mutter als Organistin begleitet und auch ein paar Mißtöne produziert hatte.

Der Mann für alle Fälle

Es war bei einer Abendmesse. Anstelle der Lesung besprachen wir die Chancen der Gemeinden in der Zukunft, wenn es immer weniger Priester als Gemeindeleiter geben würde. Da platzte die allgemein bekannte Frau D. ganz unmotiviert heraus: „Was ich ihnen schon lange sagen wollte, sie müssen als Pfarrer dafür sorgen, dass die Frauen in der Kirche keinen Striptease machen." Verblüffte Stille folgte, und ich wagte zu behaupten, dass ich in der Kirche noch nie einen Striptease gesehen habe. Jetzt legte Frau D. erst recht los: „Da treten Weiber im geschlitzten Rock auf und tragen die Lesung vor. Sie sind da immer so leichtsinnig. Sie als Pfarrer müssen sich die Frauen besser anschauen!" Ausgerechnet Frau D., die am Sonntag zuvor ebenfalls durch einen geschlitzten Rock aus der Mottenkiste aufgefallen war, weil sie ihn verkehrt herum angezogen hatte, ausgerechnet die beauftragte mich, die Frauen anzuschauen! Dazu hatte mich innerkirchlich noch nie jemand aufgefordert. Am nächsten Tag kam dann ein Brief aus Peru, in dem ich gebeten wurde, für eine peruanische Krankenschwester ein Heiratsinserat aufzugeben, obwohl ich die Frau ja noch gar nicht angeschaut hatte und dann kam auch noch eine e-mail aus dem Internet an, in der eine mir unbekannte Tina mich zum interessanten Mann erklärte und dringend mit mir schlafen wollte. Aber ich hatte ja den Auftrag bekommen, mir die Frauen genauer anzuschauen, und deshalb hatte Tina keine Chancen. Die Gemeinde wird sich bei Frau D. sicher noch dafür bedanken. Schon wieder ein Priester gerettet.

Patenkinder

Ich bin stolzer Taufpate von 4 (vier!) Mädchen: Ruth, Simone, Johanna, Melissa.

Ruth, die älteste, durfte mal im zarten Alter von 5 oder 6 Jahren bei mir übernachten. Tagsüber spielte sie in Haus und Garten und kletterte auch auf meinen einzigen Baum. Kurz und gut, abends war sie ordentlich schmutzig. „Ab in die Badewanne!" kommandierte ich. „Du aber auch," kam es zurück und nach kurzem Nachdenken stieg ich zu ihr in die Wanne. Wir haben gelacht und gespritzt und der Schaum stieg immer höher. Als er sich gerade mal verzogen hatte, zeigte die kleine Ruth auf meine "Männlichkeit" und meinte: „Wenn man da dran zieht, wird's größer." Verdutzt schaute ich an mir herunter. Ob sie mich damit trösten wollte?

Jetzt hat sie geheiratet. Sie darf es nun ganz offiziell bei ihrem Christoph ausprobieren. Und neulich durfte ich bei ihr eine kleine Ronja taufen. Doch ich war seither mit keinem Patenkind mehr in der Badewanne.

Johanna war auch mal bei mir. Beim Mittagessen nach der Sonntagsmesse erklärte sie mir: „Du, Onkel Klaus, in den Weiberkleidern gefällst Du mir aber gar nicht!" Und gleich anschließend stöhnte sie: „In welcher Familie bin ich bloß. Der Papa schreit im Geschäft, der Onkel Markus schreit zu Hause und du schreist in der Kirche." Und dabei war ich der Überzeugung, ich hätte schön gesungen.

Wie man es nimmt

Erfahrungen aus einer Kur

Eine Kur ist schön und erholsam. Ich genoss sie und machte alles brav mit, doch als mich der Hausgeistliche fragte: „Welche Gelüste hast du morgen früh?" und dabei offensichtlich die Art und Weise "des Messe-Lesens" meinte, da war ich doch sprachlos und der Kur-Zweck in Frage gestellt. Immerhin erlöste er mich aus meiner Sprachlosigkeit und sagte: „Du willst sicher frei sein!". Das konnte ich bedingungslos bejahen. Darauf entdeckte ich, dass die anwesenden Priester täglich in zwei Schichten um den Altar standen, weil die Meßgewänder für einmal nicht reichten, sich selber zelebrierten und „ihre Gelüste stillten." Ob der Herr Jesus bei der Einsetzung des Abendmahles dies gewollt hat? Warum können die meisten Priester nicht mit dem Volk Gottes mitfeiern?

Später wurde ich von einer Therapeutin begrüßt: „Endlich ist mal ein junger Pfarrer hier!" Das hat zwar meinem Selbstbewusstsein geschmeichelt, doch sie meinte: „Wenn der Durchschnitt um die 80 liegt, dann sind sie doch jung mit ihren 60 Jahren!" Do hot se au wieder recht, obwohl ich doch erst die 58 vollendet hatte.

Bekanntlich hat man bei einer Kur auch sehr viel Zeit und deshalb verschob ich den schon lange notwendigen Friseurbesuch auf diese Gelegenheit. Ich wollte ja schließlich auch abnehmen und dem Arzt ein Erfolgserlebnis gönnen, denn der freut sich doch so darüber! Ich suchte und besuchte dann schließlich auch einen Friseur draußen auf dem Land und ließ mir die Bart- und Haarschur 18 Märker kosten. Anschließend entschuldigte sich eine alte Dame bei mir, dass sie mich danach nicht mehr erkannt hätte. Wenn man dann aber noch bedenkt, dass Margret mich kostenlos schert und die ganze Gemeinde mich jedes Mal einwandfrei wiedererkennt, dann waren es vergebliche 18 Mark. Zudem hat es für das Abnehmen gar nichts gebracht.

Ein eifriger Priester in Afrika

Es war in Zimbabwe. Wir besuchten Pater Johannes, der uns zu einer Firmung in einer der townships von Bulawayo mitnahm. Ein deutscher Pfarrer war dort ebenfalls zu Besuch und wollte konzelebrieren, obwohl er kein Wort von der Sprache der Ndbele verstand und auch ihre liturgischen Gebräuche nicht begriff.

Also stand er in liturgische Gewänder gehüllt am Altar und irgendwann meinte er, jetzt sei es Zeit für die Wandlung. Er streckte die rechte Hand aus und begann die Wandlungsworte auf Deutsch zu sprechen. Schließlich bemerkte er sein voreiliges Tun und uns schien es, als wolle er mit einer wedelnden Handbewegung die gesprochenen Worte und die Wandlung wegwischen und rückgängig machen. Er hatte nicht bedacht, dass die Ndebele wesentlich mehr Worte brauchen, als es in der deutschen Sprache üblich ist. Es war ein wunderschönes und fröhliches Fest und der eifrige "Konzelebrierer" erhöhte nur unseren Spaß.

Ich glaube kaum, dass unser Herr wegen ihm die Wandlung der Gaben vorverlegt hat.

Dumme Frage

Ausgesprochen hübsch war sie, die Ministrantin. Sie war nicht nur für unsere jungen Kerle eine Augenweide. Eines Tages bat sie mich in der Sakristei in den Nebenraum, errötete sanft und eröffnete mir: „Wir bekommen ein Kind." Was sollte ich bloß auf die Schnelle sagen? „Schon wieder eine Jungfrau weniger! Du hättest auch aufpassen können! Das kommt davon, wenn man...!" Solche und ähnliche Gedanken gingen mir durch den Kopf, oder sollte ich mich gar darüber freuen?

„Ja, wann ist es denn soweit?" fragte ich endlich, um überhaupt etwas zu sagen. Sie nannte einen konkreten Termin in 3 Monaten, kurz nach Weihnachten, und meinte, es sei ein Junge. „Wir haben ihn uns schon angeschaut." Mein Blick ging an ihr hinunter und ich konnte nichts sehen, was auf so eine baldige Geburt hindeuten konnte. Doch bei so jungen Mädchen ist das vielleicht auch anders. Ich hatte darin schließlich keine Erfahrung. Ganz vorsichtig tastete ich mich weiter vor: „Ja, wer ist denn der Papa?" Erstaunt sah sie mich an, so eine Frage konnte wohl nur der Pfarrer stellen. „Ha, mein Vater natürlich," sagte sie ziemlich entrüstet, „ich freue mich schon so auf mein Brüderchen."

BSE nicht nur eine Seuche in der Landwirtschaft

Als man uns so langsam klarmachen wollte, dass die Zukunft der Kirche in den Seelsorgseinheiten bestehe und dass womöglich wir Pfarrer der letzte Hemmschuh einer lebendigen Kirche seien, prägte ein Kollege das Wort von der BSE-Seuche, von den Bischöflichen Seelorgseinheiten. Daraus entstand bei der Wahl zum Bischof folgende Glosse:

„Nun hat sich auch die heutige Meldung von der Wahl von G. Fürst zum neuen Bischof als Zeitungsente erwiesen. Weder Renz, noch Kreidler, noch Fürst wurden gewählt. Auch die aus unserem Dekanat kurzfristig ins Spiel gebrachte Variante, dass der Papst persönlich die Leitung unserer Diözese übernimmt, hat sich als nicht wahr erweisen. Wahr ist vielmehr: Unser Domkapitel hat sich zu einer zukunftsweisenden und in Deutschland einmaligen Lösung durchgerungen. Erstmalig wird eine echte BSE eingerichtet. Der Bischof von Freiburg wird auch unsere Diözese pastorieren. Damit wird allen Kritikern der Wind aus den Segeln genommen, als ob bloß auf der unteren Ebene gespart würde. Dienstsitz wird Hindelang im Allgäu sein, damit später auch noch Augsburg und evtl. die Schweiz übernommen werden kann. In den seitherigen Bischofsstädten wird dann jeweils ein Pastoraler Mitarbeiter eingesetzt, der den Titel Bischof aber keinen Hut tragen darf."

Postwendend kam per e-mail die Anfrage aus Zimbabwe, ob dies tatsächlich wahr sei.

Wunschkonzert

Alle Kirchgänger haben bestimmte Lieblingslieder, die man nicht oft genug singen lassen kann, während sie anderen Sängern bereits auf die Nerven gehen. Manchmal lasse ich mich darauf ein, wenn jemand sich in der Messe ein bestimmtes Lied wünscht.

Doch neulich beklagte sich eine Frau, dass das Lied „Ein Haus voll Glorie schauet" nie gesungen würde. Ich war ziemlich überrascht, denn genau dieses Lied hatten wir an zwei Sonntagen hintereinander aus bestimmtem Anlass gesungen. Ich machte sie vorsichtig auf diese Tatsache aufmerksam. Worauf sie antwortete: „Ja, wenn ich das gewusst hätte, dann wäre ich auch zur Messe gegangen!" Soll ich also künftig Wunschkonzerte veranstalten und das Programm dazu veröffentlichen?

Fronleichnam in Nattheim

Was ist an Fronleichnam wichtig?

Zum Fronleichnamsfest gehört Musik. Am besten eine Blaskapelle, die alle Lieder beim Gottesdienst begleitet und die Prozession anführt. So war es auch immer in Nattheim. Doch eines Tages wollte oder konnte der Musikverein nicht mehr spielen und ich fand mich gemeinsam mit dem Kirchengemeinderat mit dieser Tatsache ab.

Als ich dies im Seniorenclub erwähnte, war die Aufregung groß. Fronleichnam - ohne Musik, einfach undenkbar, Fronleichnam ohne Pfarrer, das ging schon eher, wie sich ein paar Jahre vorher gezeigt hatte.

Ein paar der Frauen nahmen diese Sache in die eigene Hand und bestürmten den Bürgermeister, die Sache zu regeln. Und sie hatten Erfolg. Der Musikverein konnte spielen und spielte so gut wie nie.

Fronleichnam - ohne Pfarrer: zur Not, ja.

Fronleichnam - ohne Musik: nicht mal zur Not.

Blumenstock oder
Glaubensverkündigung

Ein Telefonanruf kam an: „Ist die Kirche noch frei für
eine Hochzeit am ... und haben Sie auch Zeit?" Beides
konnte ich bejahen, denn der Termin war erst in einem
halben Jahr. Ich sagte der unbekannten Stimme: „Bitte
kommen Sie baldmöglichst bei mir vorbei, damit wir die
Hochzeit vorbereiten können!"

Ich trug Datum und Uhrzeit in meine Kalender ein und
vergaß das Gespräch und das Brautpaar. Dann kam der
Termin und ich wusste immer noch nicht, wer und was
da auf mich zukommen würde. Ein Aufruf im Gemeindeblatt mit der Suche nach dem unbekannten Brautpaar
brachte mir nur Scherze und Spott ein. Das Standesamt
führte mich dann auf die Fährte. Ein Anruf beim
Brautvater klärte mich auf. Die Hochzeit sollte
tatsächlich stattfinden, doch in einer Nachbar-kirche
und der Bräutigam meinte ganz vorwurfsvoll: „Ich habe
den Termin doch gecancelt." Doch leider war bei mir
nichts davon angekommen, dass der Blumenstock in
Gestalt eines leibhaftigen Pfarrers wieder abbestellt
worden war.

Das unauslöschliche Merkmal

Immer wieder prägte uns der Regens im Priesterseminar ein, dass wir als künftige Priester ein unauslöschliches Merkmal in uns trügen. Ich hielt dies für theologische Spitzfindigkeit und glaubte ihm nicht, bis ich nach der Devise "Frisches Hemd und alte Predigt," zur Urlaubs- vertretung nach Wyk auf Föhr aufbrach, um dort die Gottesdienste zu halten und gleichzeit selber Urlaub zu machen. Eines Tages stand die Wattwanderung von Föhr nach Amrum auf meinem Tagesprogramm. Weil das eine feuchte Angelegenheit werden konnte, zog ich meine kurze Hose an und die Schuhe aus. Das knietiefe Wasser und die 200 Teilnehmer an der Küste von Dunsum versprachen eine fröhlich Wanderung. Doch kurz vor Amrum sollte ein tiefer Priel durchwatet werden. Das Wasser schien bis zum Bauch zu gehen. Da ich auf der Insel nicht in nassen Klamotten herumlaufen wollte, warf ich einen kurzen Blick in die Runde, zog die Hose aus und das Hemd nach oben - mich kannte ja niemand -, kam glücklich durch den Priel hindurch und konnte auf der anderen Seite die trockenen Sachen wieder anziehen. Mitleidig belächelte ich die anderen Teilnehmer in ihren nassen Hosen. Bei der Ankunft mit der Fähre in Wyk erzählte ich Margret von meinem Abenteuer. Auf ihre Nachfrage hin bestätigte ich, dass mich niemand erkannt habe und ich unbesorgt meinen Urlaub genießen könne. Im gleichen Augenblick klopfte ein mitgewandertes Ehepaar an die Autoscheibe und fragte: „Sie sind doch der hiesige Urlaubspfarrer, wann halten Sie die Messe am Sonntag?" Warum haben die mich sogar ohne Hosen erkannt? Jetzt begriff ich: das war das unauslöschliche Merkmal. Ich bin nur froh, dass das Ehepaar nicht nach dem Wie, sondern nur nach dem Wann der nächsten Messe gefragt hatte.

Jetzt ist es an der Zeit....

Es war mal wieder Advent geworden. Mit dem Altenclub feierte ich die Messe und setzte mich anschließend zu den Frauen und Männern im Rentenalter, um über "Advent heute und damals" zu plaudern.
Anschließend bedankte sich eine Frau bei mir, dass ich mir die Zeit genommen hätte, doch ihre Freundin bemerkte nur: "Der kommt jetzt auch in unser Alter, der muss jetzt einfach kommen."

Also, jetzt ist es soweit! Die Pensionierung kann nicht mehr ferne sein.

Richtig katholisch

Folgende Geschichte habe ich nicht selbst erlebt, aber es rentiert sich, sie trotzdem zu erzählen.

Margret wollte bei Georg in Dunstelkingen einen Besuch machen. Zu diesem Behufe machte sie sich auf, um mit ihm und seiner Gemeinde in Frickingen die Abendmesse zu feiern. Eine ältere Frau strebte zur gleichen Zeit zum Gottesdienst und wurde von Margret freundlich mt einem „Guten Abend" gegrüßt. Doch keinerlei Reaktion erfolgte. Nocheinmal: „Guten Abend!" Schweigen im Walde, nun ja, was soll's, nicht alle Frommen müssen ja auch freundlich sein. Doch als jene Frau dann Margret in der Kirche sah, wandte sie sich zu ihr um und sagte entschuldigend: „Ja, wenn ich gewußt hätte, dass sie auch katholisch sind, dann hätte ich sie auch gegrüßt!"
Da gerät man schon ins Grübeln.
Ob sie wohl schon von Ratzingers neuestem Papier gewusst hatte?

60 Jahre und ein bisschen weise?!

Sechzig Jahre alt bin ich nun, doch bin ich auch weise geworden?

Es gab Höhen und Tiefen in meinem Leben und vor allem in den vergangenen 34 1/2 Priesterjahren.

Aufgebrochen bin ich während des Konzils und ich war der Überzeugung, dass die Kirche eine Zukunft habe. Das „Kirche, was bist du schön" von Mario von Galli auf dem Stuttgarter Katholikentag hat mich fasziniert. Ich glaubte, dass es auch auf mich ankomme, wenn die Kirche in der Zukunft eine Chance haben sollte. Ich mischte mich ein, wo immer ich glaubte, dass es sinnvoll sei, und meine Leserbriefe im Sonntagsblatt und in den Tageszeitungen bewirkten manches, nur nichts Entscheidendes. Manche Aufregung verursachte ich und viel Stirnrunzeln bei meinen Bischöfen. „Herr Vikar, was haben Sie denn da wieder gemacht?" näselte eines Tages Bischof Carl Josef. „Da kommen jeden Tag wegen Ihnen Briefe zu mir." Doch das Ordinariat lernte mit mir zu leben und ich mit dem Ordinariat.

Schließlich merkte sogar ich, dass ich nicht dazu berufen war, die Kirche zu reformieren und ich wurde bescheidener in meinen Ansprüchen. Ich konnte die Kirche nicht „retten", ich konnte nur da, wo ich lebte, das Beste aus der Botschaft Jesu machen. Sollten „die oben" doch machen, was sie wollten, Christsein geschieht unten bei den Menschen. Dies versuchte ich zu leben. Nach meinem Hirnschlag nahm mir Margret das Versprechen ab, keine Leserbriefe mehr zu schreiben. Ich hielt mich dran, denn nun hatte ich das Internet entdeckt. Das „einfache Volk" sollte nicht mehr beunruhigt werden, doch dafür ärgerte sich das Ordinariat über meine neue Tätigkeit. Während der Bischofsvakanz sollte ich sogar mal im Ordinariat antanzen. Doch ich lehnte dies ab mit der Begründung, ein Brief aus dem BO sei billiger als meine Reisekostenabrechnung zum BO.

Ich bin ein bisschen weise geworden, aber nur ein bisschen. Immer noch ärgert mich maßlos, wenn die guten Ansätze der Kirche von oben her kaputt gemacht werden. Doch ich weiß ja, ich bin nicht beauftragt, die Kirche zu retten. Ist das nun Weisheit oder Resignation?

Würde ich heute noch mal diesen Beruf ergreifen? Ich weiß es nicht, denn die Anfangsbedingungen sind schlechter geworden. Ich weiß nicht, ob ich heute noch den Mut zu dieser Entscheidung hätte. Bereut habe ich den damaligen Entschluss aber nicht. Allerdings hätte ich mich auch über eine Familie gefreut. Doch Gott sei Dank bin ich auf Margret gestoßen, die mit mir in einer treuen Partnerschaft durch dick und dünn gegangen ist.

Sechzig Jahre und ein bisschen weise.
Großer Gott, ich danke Dir.

Hoffnung wider allem Anschein

(nach einem Text aus "Beten durch die Schallmauer")

- Was mich dennoch hält
in und an dieser etablierten Kirche,
in und an dieser, die Sache Christi
doch recht zweifelhaft vertretenden
und mit den jeweiligen Herrschaftsstrukturen
verbündeten Institution,
in der die befreiende Botschaft
immer wieder ins Stocken gerät,
in der Machtstrukturen für die
Selbsterhaltung gebraucht werden,
theologisch und gottgewollt begründet,
von wegen dem heiligen Geist,

- was mich dennoch bleiben lässt,
und warum ich nicht besser
mein Engagement,
mein Fragen und Suchen in ihr,
das Mitleiden, Mitleben und Mitfeiern
an den symbolischen Nagel hängen
und mich befreien sollte
von diesem alten Hut
eines versteinerten Christentums

- all das werde ich immer wieder gefragt,
teils mitleidsvoll, teils ironisierend.

Und dann kommt meine Antwort,
keineswegs immer idealistisch begeistert,
eher zögernd und nüchtern, während ich darlege,
dass ich die Sache Christi nicht aufgeben will und kann,
dass ich eben noch nicht
alle Hoffnung fahrengelassen habe,
dass diese Kirche auch die Kirche Christi sei
oder wieder werden könne.

Fortfahrend erkläre ich, dass eben diese Kirche
mir Lebensraum bietet und Möglichkeiten,
schöpferisch zu sein, dass mir hier so etwas
wie Heimat geschenkt wurde, dass ich mich trotz allem
hier irgendwie wohl fühle, Menschen finde,
die mit mir den selben Weg gehen und so ...

Und dann müsste ich noch sagen,
dass es mir schwerfallen würde,
außerhalb dieser Kirche für die Sache Christi
so zu arbeiten wie hier, und dass ich,
diese Kirche verlassend,
auf jegliche Möglichkeit verzichte,
an einer besseren Kirche mitzubauen.
Und letztlich müsste ich sagen
- wenn 's auch etwas leiser käme -,
dass ich diese Kirche, wie eben eine Heimat,
die mich leben und froh sein läßt,
dass ich diese Kirche liebe ...

Nachwort

Jede Ähnlichkeit mit lebenden oder toten Personen ist in diesem Buch voll beabsichtigt und liegt in der Natur der Sache und auch in der Natur des Verfassers.
Doch schon der Evangelist Johannes sagte:
„Vieles aber ist geschehen, was nicht in diesem Buche aufgeschrieben ist, dieses aber ist aufgeschrieben, damit Ihr teilnehmen könnt am Leben eines Dorfpfarrers. Amen."

Manches konnte ich auch nicht erzählen, ohne die Diskretion zu verletzen. Deshalb habe ich mich auch bemüht, alle "schwierigen" Geschichten so zu verfremden, dass sich niemand getroffen oder bloßgestellt fühlen muss.
Sollte sich jemand doch wiedererkennen, so soll er sich drüber freuen oder ärgern, je nach Temperament.

Wenn er oder sie es nicht herumposaunt .... die andern wissen es nicht.